MEUBLES RÉCUP'
& PALETTES

- Créations design -
à moindre coût

LIONEL CERDAN

MEUBLES RÉCUP' & PALETTES

- Créations design -
à moindre coût

massin

Sommaire

AMOUR

Pour bien démarrer

Pourquoi choisir le bois de palettes ?

Travailler avec le bois de palettes présente plusieurs avantages. Je vous liste ici ceux qui me semblent les plus pertinents et qui m'ont poussé à travailler avec cette matière première.

Disponibilité et quantité

Si vous êtes attentif, vous aurez certainement remarqué le nombre de palettes qui traînent çà et là aux abords des magasins et des zones commerciales et artisanales. Les palettes sont indispensables au transport de marchandises et elles sont donc très fréquemment utilisées et disponibles en quantité. Nous verrons ultérieurement quels sont les différents types de palettes existants en fonction de nos besoins.

Variété et qualité

Il existe de nombreux types de palettes. Qu'il s'agisse de forme, d'essence de bois utilisé ou d'épaisseur des planches, il est assez facile de trouver celle qui correspondra à notre utilisation. De plus, cette variété permet aussi de créer des mélanges de bois pour dynamiser les réalisations.

Coût de revient

Quand vous récupérez une palette qui est abandonnée, son coût de revient est nul. Bien sûr, nous pourrions évoquer le temps de recherche et le coût de transport, mais vous disposez d'une matière première gratuite et abondante.

Démarche écologique

Outre la gratuité du produit, vous pouvez choisir de récupérer les palettes pour d'autres raisons plus personnelles. Quand vous récupérez une palette abandonnée, vous faites un geste pour la planète en limitant l'accumulation de déchets, vous participez au recyclage des matériaux et vous avez un impact direct et local sur votre environnement. Vous ne contribuez pas à la production de matière superflue (et au passage l'abattage d'arbres supplémentaires) en évitant autant que possible les circuits traditionnels de distribution (grandes surfaces de bricolage par exemple) et en redonnant une seconde vie à un matériau déjà existant.

Où trouver des palettes ?

Sachant que les palettes servent au transport de marchandises, tout lieu qui reçoit ou expédie des marchandises est une source potentielle d'approvisionnement. Les lieux les plus fréquents sont les zones commerciales, les zones artisanales et industrielles. Pensez à rechercher les entrepôts ou les zones de livraison des magasins, c'est là que vous trouverez vos palettes la plupart du temps. N'hésitez pas à demander au personnel ce que deviennent les palettes en sur-stock.

Votre commerçant de quartier (épicerie, librairie, boutique de vêtements...) reçoit aussi des produits régulièrement et ne sait généralement pas quoi faire des palettes de livraisons, pensez-y! De bonnes surprises vous y attendent parfois.

Quels types de palettes ?

On peut distinguer deux grandes familles de palettes : les palettes de type Europe et les palettes à usage unique. Dans les deux cas, le bois est non traité chimiquement (norme NIMP 15). Il est traité thermiquement pour éviter la propagation de parasites et de champignons, repérable par la présence du logo HT (heat treated, «traitement thermique» en anglais) estampillé sur certaines palettes.

Les palettes de type Europe ont des dimensions normées de 80 x 120 cm et sont estampillées d'un logo EUR et EPAL. Certaines peuvent être consignées, notamment celles de couleur qui appartiennent à des sociétés privées qui assurent leur location. Cependant, il est fréquent que certains magasins s'en débarrassent lorsqu'elles sont abîmées ou que certains livreurs ne souhaitent pas les récupérer après leur livraison.

L'avantage principal est d'avoir des planches uniformes et d'une solidité à toute épreuve :

- larges de 10 cm et 14,5 cm
- longues de 120 cm
- épaisses de 22 mm

Il est à noter que la solidité va de pair avec un poids conséquent, détail à ne pas négliger pour certaines constructions.

Palettes de type Europe

Les palettes à usage unique, aussi appelées palettes perdues ou jetables, sont les plus fréquentes. Ici, pas de norme quant aux dimensions ou aux épaisseurs de bois. Leur durée de vie est calculée pour ne servir qu'une fois, ce qui explique bien souvent la présence de planches de plus faibles épaisseurs (15 à 18 mm environ). Selon les matières transportées, les dimensions peuvent être très variables, allant jusqu'à 3 ou 4 mètres dans certains cas et idéales pour de grandes constructions. Cependant, la moyenne est assez proche des palettes de type Europe autour de 100 à 120 cm de long et de 60 à 80 cm de large. La présence de nœuds et autres défauts de bois est aussi plus fréquente.

Palettes à usage unique

Quelques accessoires pour faciliter votre travail

Pour votre sécurité

- une paire de gant type «outillage»
- une paire de lunettes et un masque protection respiratoire quand vous poncez

Pour trier les déchets

- un seau pour les métaux (clous, agrafes...)
- un seau pour les chutes de bois
- un seau pour le vrac

Vous gagnerez du temps au moment d'aller à la déchetterie.

Comment démonter une palette ?

Il existe plusieurs techniques et outils selon le type et l'état de la palette à démonter.

1 Le plus connu et certainement le plus utilisé est la pince à décoffrer (aussi appelée pied-de-biche). Léger et maniable, c'est un outil indispensable pour faire levier sur la planche et la déclouer. Une fois détachée, il suffit d'utiliser la partie arrache-clou pour ôter les clous. Pour travailler plus efficacement et réduire le nombre de planches cassées, je travaille avec deux pieds-de-biche. Pendant que l'un maintient la planche soulevée, l'autre s'enfonce un peu plus et fait levier. Je procède ainsi à tour de rôle jusqu'à ce que la planche se détache.

2 Il existe un outil moins connu et dérivé de la pince à décoffrer appelé barre de démolition ou de levage ou encore «démonte-palette». Vous pouvez le trouver sur Internet. Son utilisation est plus aisée du fait de la force exercée par le bras de levier. Cependant, son coût et sa taille le réservent plutôt à une utilisation régulière.

3 Il existe aussi une technique basée sur l'utilisation de cales en bois et d'une massette, idéale pour les palettes résistantes. Elle permet de limiter le nombre de planches cassées mais se révèle un peu bruyante. Retournez votre palette et placez 3 ou 4 cales sous le chevron entre les planches à déclouer. Prenez une cale en bois, placez-la sur la planche à déclouer et frappez sur la cale avec la massette pour décoller la planche du chevron. Répétez l'opération pour chaque planche et déplacez vos cales sous chaque chevron pour libérer toutes les planches.

4 Enfin dans les cas extrêmes, un ciseau à briques ou une scie à métaux viendront à bout des palettes les plus solides. Placez-vous entre le plot et la planche à déclouer et cisaillez les clous à l'aide du ciseau ou de la scie.

5 Pour le démontage des plots, il existe une astuce en utilisant un serre-joint d'environ 80 cm qui fait office de levier. C'est un moyen efficace et rapide pour ôter les plots. Ces mêmes serre-joints vous serviront à maintenir vos planches pendant certaines étapes de construction de vos meubles.

Comment préparer le bois pour vos projets ?

Ôter les clous et les agrafes

1. Pour cette opération, vous aurez besoin d'une paire de tenailles, d'un marteau, d'une pince à décoffrer et d'un petit morceau de contreplaqué fin.
L'idéal est de retourner la planche et de chasser les clous au maximum à l'aide d'un marteau, ce qui facilite leur arrachage une fois la planche retournée. La pince à décoffrer permet de travailler rapidement et confortablement.

2 Si la tête de certains clous casse ou dans le cas d'agrafes, une tenaille est l'outil idéal. Pour ne pas marquer le bois, pensez à intercaler une cale martyre sous la pince. Un petit bout de contreplaqué fin est suffisant. Si un clou se casse dans le bois ou si vous avez utilisé la scie à métaux, un chasse-goupille peut s'avérer nécessaire pour l'extraire. Vous pouvez conserver les clous les plus droits pour vos futures constructions.

③ Une fois démontée, une palette vous fournit une belle quantité de planches et de chevrons pour vos projets, voire de clous que vous pouvez réutiliser s'ils sont bien droits et ainsi optimiser le recyclage.

> Pendant le démontage, n'hésitez pas à mettre de côté les planches qui vous paraissent fragilisées ou cassées. Elles peuvent servir dans certains cas en étant retaillées ou utilisées pour leurs défauts, mais elles ne doivent pas compromettre la solidité de construction de vos ouvrages.

Poncer le bois

④ Pour poncer le bois, vous avez plusieurs options selon l'état initial et le résultat attendu. Vous pouvez poncer manuellement ou à l'aide d'une ponceuse électrique en fonction du volume de bois et du temps dont vous disposez. Une ponceuse électrique est plus rapide mais génère plus de poussière ; un ponçage manuel est plus adapté quand vous recherchez la précision du résultat.

Pour dégrossir et enlever les impuretés, un abrasif à gros grains type 80 est parfait. Il vous permet de supprimer les fibres les plus grossières et les imperfections du bois à moindre effort. Attention à ne pas creuser le bois car le grain est très abrasif!

5 Pour poursuivre le travail de préparation, un abrasif de type 120, 180 ou 240 est le bienvenu. Plus le grain est fin (et donc le chiffre élevé), plus vous préservez l'aspect et la texture du bois.

6 Si vous travaillez avec des bois vieillis, qui ont viré au gris avec le temps, il est intéressant de ne pas trop insister sur le ponçage pour conserver l'aspect patiné. Dans ce cas, je vous conseille de démarrer avec une brosse métallique pour chasser les impuretés et faire ressortir les fibres disgracieuses. Vous pouvez ensuite continuer votre préparation avec de la laine d'acier. L'effort est plus intense mais le résultat en vaut vraiment la peine. Avec un peu de patience, vous arriverez à un effet presque ciré avec certains bois.

De gauche à droite, vous pouvez voir le bois évoluer selon le ponçage :

- 1re planche : état brut
- 2e planche : laine d'acier
- 3e planche : grain 180
- 4e planche : grain 80

Plus le grain est gros et plus l'effet grisé disparaît. Tenez-en compte lors de la préparation.

Matériel de base pour réaliser les différents projets

1. scie égoïne (dans certains cas, une scie sauteuse peut être utile)
2. visseuse-dévisseuse
3. mèche à bois ou à fraiser
4. mètre ruban
5. équerre
6. crayon de papier
7. marteau
8. vis de différentes longueurs selon les planches utilisées
9. clous
10. serre-joints
11. rabot manuel
12. papier abrasif de différents grains

Les types d'assemblage

Soyez vigilant sur l'usage de la quincaillerie : vous ne la choisirez pas de la même manière pour un usage intérieur ou extérieur. Pour ce dernier, optez pour des produits galvanisés ou en inox afin d'assurer une longue durée de vie.

Les vis

Les vis à bois traditionnelles cruciformes

Il s'agit du type de vis le plus répandu et le plus universel en matière d'assemblage. Ces vis permettent des assemblages très solides et faciles à mettre en œuvre. Les têtes de forme conique sont prévues pour se loger dans le bois, ce qui est plus esthétique et ne crée pas de parties saillantes.

Deux modèles existent: Philips et Pozidriv, avec leurs embouts respectifs identifiés PH et PZ, suivis d'un numéro en fonction de leur taille. Veillez à utiliser l'embout adéquat sous peine de détériorer vos vis lors du montage ou démontage.

Les vis dites d'assemblage pour meubles

Leur caractéristique principale est d'avoir un filetage très prononcé qui leur confère une très forte accroche dans le bois. Pour un maximum de puissance de serrage, préférez les têtes à empreinte six pans, que vous visserez avec une clé Allen. Un perçage préalable au bon diamètre est indispensable car la vis ne peut se visser directement.

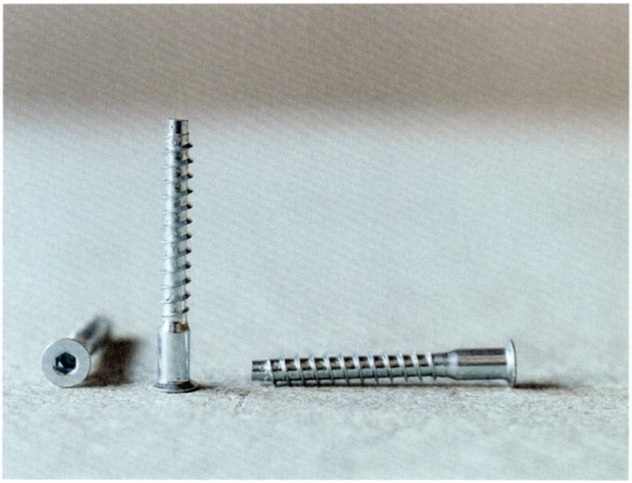

Les tirefonds

Il s'agit de vis de fort diamètre au solide pas de vis pour les assemblages demandant une très forte capacité de serrage. Ils sont à réserver aux assemblages de bois de forte section comme les chevrons par exemple. Leur tête carrée ou hexagonale permet un serrage en puissance et offre un rendu de type industriel très intéressant. Le perçage d'un avant-trou est nécessaire ou conseillé selon leur diamètre pour pouvoir les visser en toute sécurité dans le bois.

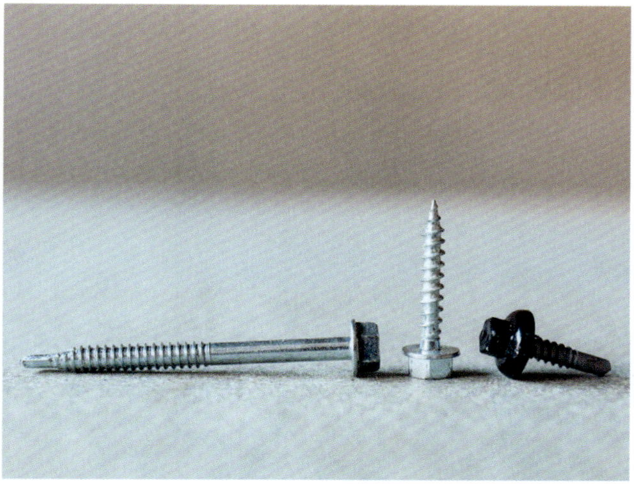

Les vis autoperceuses pour métal

Elles sont utilisées principalement pour les assemblages de métaux. Leur avantage est de ne pas avoir à percer d'avant-trou grâce à leur tête qui agit comme un foret. Choisissez la tête la plus adaptée à votre projet (plate ou conique).

Les pointes

Les pointes simples

Il s'agit de pointes dont le corps est lisse. Leur usage est adapté à la plupart des travaux d'assemblage tant que la traction mécanique n'est pas trop importante.

Les pointes torsadées

Elles sont à réserver aux assemblages qui demandent une grande résistance à la traction. Leur corps torsadé rend leur arrachement plus difficile et assure un ancrage solide dans le bois.

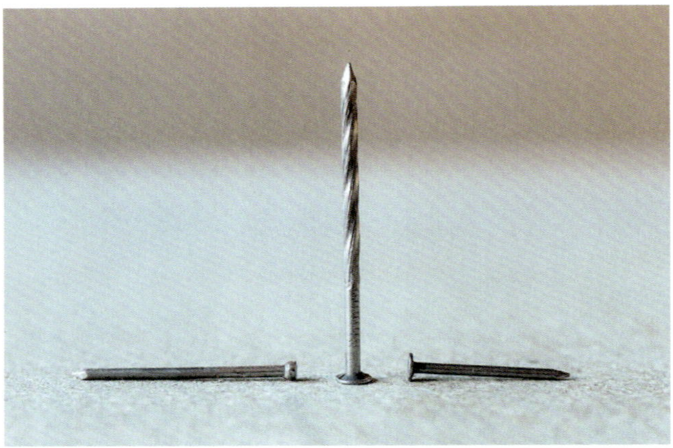

La colle blanche ou vinylique

C'est la colle traditionnelle pour les assemblages de pièces de bois. Facile à manipuler, elle permet des collages puissants et peut s'utiliser en complément des pointes et tourillons pour solidifier les assemblages.

Les chevilles et les tourillons

Ces petites tiges de bois cylindriques servent à relier des pièces entre elles de manière invisible ou visible pour un rendu plus naturel ou esthétique. Elles sont striées sur leur corps pour laisser un espace à la colle lors de la mise en place. Vous pouvez les trouver sous forme de tourillons de différentes longueurs, prêts à l'usage ou bien en tige à découper pour des assemblages spécifiques.

Les boulons et écrous

Leurs avantages sont multiples. Ils servent principalement aux assemblages de pièces de fort diamètre ou dont la résistance à la traction doit être élevée. Ils permettent un montage/démontage sans fragiliser l'assemblage. La forme de leur tête, leur couleur peuvent accentuer un effet industriel.

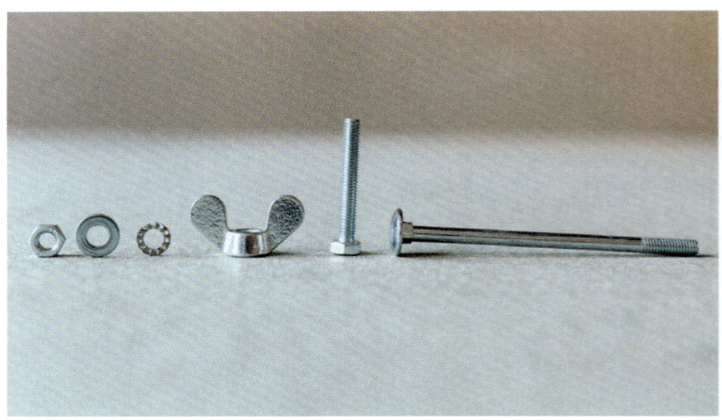

Le matériel

Il existe deux types d'outillages : électrique ou manuel, chacun ayant ses avantages et ses inconvénients.

Les rabots

Le rabot électrique (1)

Parfait pour travailler de gros volumes de bois, il est à réserver aux bois sans clou ni agrafe sous peine de détériorer les fers. Son utilisation donne un aspect plutôt uniforme au bois et peut lui faire perdre son aspect originel texturé. À utiliser en connaissance de cause. Il est parfait pour égaliser deux planches de sections différentes.

Le rabot manuel

Avec ses différentes tailles, il a l'avantage de travailler en silence et sans produire de poussière, si ce n'est des copeaux.

Une varlope (4) ou un rabot de taille moyenne (2) est utile pour égaliser une pièce de bois dont les chants ne sont pas rectilignes ou pour égaliser un plateau par exemple.

Un rabot de paume (3) sera utile pour réaliser des chanfreins, casser les angles ou éliminer de petites imperfections.

L'OUTILLAGE ÉLECTRIQUE

L'outillage électrique permet de travailler rapidement et de manière précise si on le maîtrise correctement. Il peut limiter la fatigue pour les tâches répétitives (sciage, ponçage…).
Il est cependant plus lourd, plus bruyant et génère souvent plus de poussière que son équivalent manuel.

L'OUTILLAGE MANUEL

L'outillage manuel est plus abordable en général et permet de travailler plus silencieusement. Sa précision peut égaler ou dépasser son équivalent électrique selon le niveau de maîtrise lors de travaux minutieux.

les scies

La scie égoïne (1)

Scie polyvalente pour la plupart des travaux de découpe. Choisissez une lame adaptée en fonction de votre usage (rapidité de coupe ou précision par exemple).

La scie japonaise (2) (4)

Elle est plutôt réservée aux découpes minutieuses comme les assemblages à mi-bois ou le délignage. Leur particularité est de couper en tirant, contrairement aux scies traditionnelles, qui coupent en poussant. Leur lame est extrêmement fine et offre une finition de coupe incomparable.

La scie à métaux (3)

La scie indispensable pour découper vos profilés, tubes et autres fournitures métalliques.

La scie sauteuse (5)

Sa capacité à se faufiler dans les endroits exigus et sa facilité à découper en courbes en font un outil polyvalent et utile. La finition de coupe demande en général d'être retravaillée pour lui apporter de la finesse.

La scie circulaire (6)

Idéale pour débiter des panneaux ou des bois de fortes sections. Elle permet par exemple de découper à dimensions un plateau de table.

La scie sous table

C'est la scie à utiliser pour déligner les planches. Elle peut remplacer la scie circulaire si le plateau de travail de votre scie est assez grand pour manipuler de grandes pièces.

La scie à onglets

Elle est parfaite pour réaliser des coupes d'angles précises ou pour débiter de grands volumes de bois.

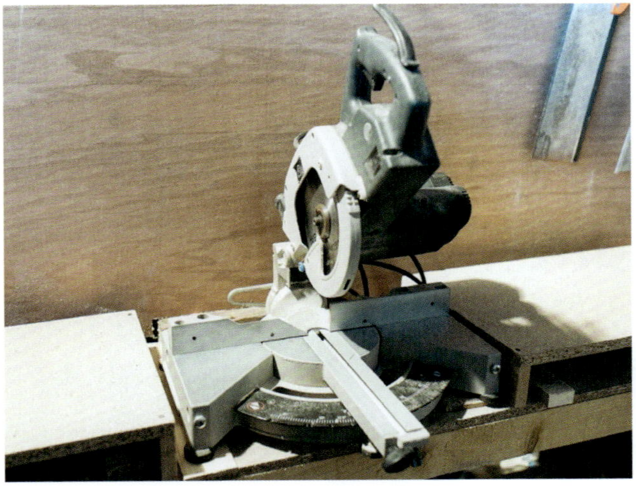

Les ciseaux à bois

Ils sont indispensables pour préparer le bois et apporter les finitions nécessaires au moment du ponçage par exemple ou bien lors d'assemblages à mi-bois pour ajuster les pièces à emboîter.

La mèche à fraiser

Elle est utile si vous voulez que vos têtes de vis affleurent avec vos planches. L'utilisation de vis à tête autofraisante permet de se passer de cette étape.

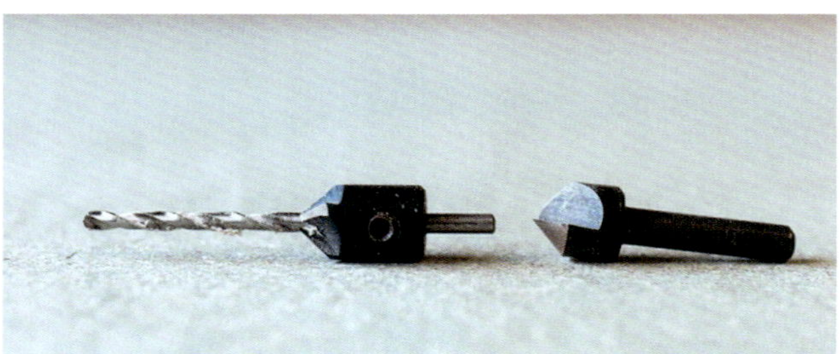

Papier abrasif, cales à poncer et ponceuse

La ponceuse électrique

Elle est utile pour travailler de grands volumes de bois. À bande, vibrante ou excentrique selon les besoins, elle est à manipuler avec précaution si l'on souhaite conserver une certaine texture du bois et ne pas le poncer à blanc.

L'utilisation d'un masque à poussière est indispensable.

Les cales à poncer manuelles

Elles offrent une précision inégalable pour travailler finement et préserver les aspects intéressants du bois.

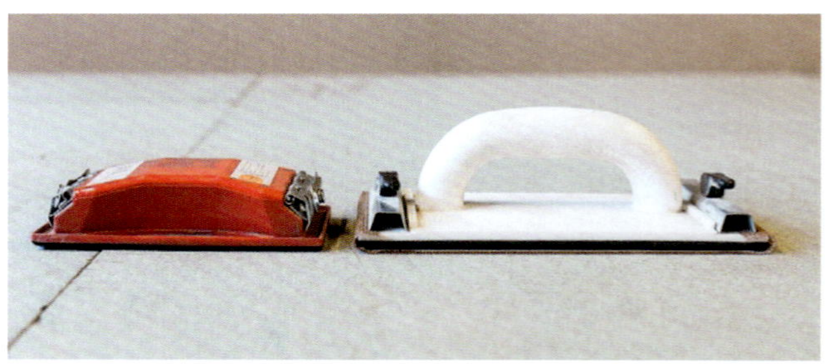

LE PAPIER ABRASIF

Le papier abrasif se trouve généralement sous forme de feuilles et s'identifie grâce à son numéro. Plus le numéro est petit et plus le ponçage est grossier. Un grain de 40 ou 80 constitue un bon début pour dégrossir le bois et éliminer les parties indésirables. Attention à ne pas trop insister avec ces numéros sous peine de creuser le bois.

Un ponçage efficace se déroule dans cet ordre :

- un passage à gros grain 40 ou 80 si besoin pour éliminer les plus gros éléments.
- un brossage méthodique pour éliminer la poussière.
- un passage avec le grain supérieur 120.
- un dépoussiérage.
- et ainsi de suite en passant au grain immédiatement supérieur jusqu'à obtention de l'effet recherché.
- le dépoussiérage évite l'encrassement des feuilles de papier abrasif et optimise l'efficacité du ponçage.

Finitions & entretien du bois

Construire un meuble est une chose, le protéger pour en profiter le plus longtemps possible en est une autre. Les protections sont multiples en fonction des contraintes que le bois aura à subir, de son usage intérieur ou extérieur et de l'esthétique finale recherchée. Peintures, lasures, cires ou huiles… à chaque produit ses spécificités.

J'ai choisi de n'aborder que des produits naturels pour des raisons de préservation de la santé et de la planète. Il est bon de rappeler que même s'il s'agit de produits naturels, leur utilisation doit se faire dans des lieux ventilés et aérés et que l'usage d'un masque est toujours utile. La concentration de certaines huiles peut provoquer des réactions allergiques ou respiratoires si on les inhale à hautes doses.

Huile dure

Il s'agit d'une huile qui va pénétrer dans le bois dans un premier temps pour le nourrir et éviter son dessèchement. Elle va ensuite former à sa surface une fine couche protectrice qui va durcir au fur et à mesure de son séchage. Le principal avantage de l'huile réside dans son principe de fonctionnement par saturation: elle pénètre et nourrit le bois et ne se contente pas de déposer un film étanche à sa surface. Un des principes à respecter est son temps de séchage supérieur aux produits issus de la pétrochimie car les siccatifs naturels, si elle en contient, demandent plus de temps pour faire sécher le produit.

Un traitement à l'huile ne craquellera pas et conservera une souplesse qui accompagnera le bois dans ses mouvements. Elle est hydrofuge par nature et ses capacités de protection sont variables en fonction des fabricants et des modèles. Référez-vous aux notices techniques respectives pour choisir celle qui correspondra à vos besoins.

L'application classique se résume en général à passer une fine couche au spalter (pinceau large et plat), à laisser pénétrer puis à essuyer le surplus. Le nombre de couches dépend du produit utilisé et de l'effet recherché.

L'essuyage se fait à l'aide d'un chiffon de coton non pelucheux, que l'on conservera dans un bocal hermétique à l'air pour éviter tout risque d'autocombustion.

Huile pour plan de travail

Sa principale particularité est sa résistance aux agressions mécaniques auxquelles le plan de travail peut être soumis. Elle est généralement certifiée « contact alimentaire ».

Huile de lin

Certainement, l'une des plus connues. Si vous cherchez une protection simple et peu onéreuse, l'huile de lin est adaptée. Il convient de la diluer avec un solvant doux telle une essence d'agrumes pour en faciliter la pénétration : une proportion de 50/50 est généralement satisfaisante. En saturant le bois, elle le protège de l'humidité et du grisaillement. Selon la sollicitation de la partie traitée, le renouvellement du traitement est à prévoir au moins une fois par an.

Il est à noter qu'elle a tendance à donner une teinte dorée au bois traité, qui peut s'accentuer avec le temps.

VOIR
Table métal
p. 184.

Cire

Son utilisation est simple et elle offre une finition brillante et satinée. Elle est cependant à réserver à des ouvrages peu sollicités car sa résistance aux frottements et aux salissures est limitée. Elle s'applique au chiffon, au pinceau ou à la mèche de coton et se lustre avec un chiffon pour obtenir l'effet de brillance. Pour un effet réussi, le ponçage doit être minutieux et fin (grain 240 minimum). Son application est à renouveler régulièrement en fonction des meubles et de leur sollicitation.

VOIR
Étagères design
p. 164.

Lasure

La principale différence entre une lasure et une peinture ou une huile, c'est qu'elle ne va pas créer de film à la surface du bois. Elle lui permet donc de respirer tout en le protégeant des agressions extérieures et en laissant apparaître son veinage. Utilisée principalement en extérieur pour protéger des rayonnements UV, elle s'applique au pinceau de manière fine et régulière. Un léger égrenage suffit à préparer le bois pour renouveler une lasure en fin de vie qui aura tendance à fariner.

Peintures, patines et lasures teintées

Peinture à la farine

Aussi appelée peinture suédoise, elle est certainement la plus connue des peintures naturelles. Utilisée traditionnellement en Suède, elle a la particularité d'avoir un coût de fabrication très bas, de ne présenter aucune toxicité et d'avoir une durée de vie pouvant aller jusqu'à 10 ans. Un produit idéal pour le traitement de meubles écoresponsables !

Elle s'utilise en intérieur comme en extérieur. Pour une utilisation extérieure, il convient d'ajouter du sulfate de fer pour la résistance aux UV. Sa coloration s'obtient avec des pigments naturels qui, outre l'aspect esthétique, jouent un rôle de blocage des UV d'autant plus efficace que les pigments sont foncés. Elle accompagne le bois dans ses mouvements et son élasticité fait qu'elle ne craquelle pas.

Comptez 3 m^2 de rendement par litre de peinture.

- **Pour foncer votre peinture,** ajoutez des pigments mais évitez d'ajouter du noir car vous risqueriez de créer une teinte plus grise que foncée.
- **Pour éclaircir,** vous pouvez ajouter du blanc de titane à petite dose.

Dans les deux cas, le plus approprié est de prélever un peu de peinture déjà fabriquée, de lui ajouter les pigments et de bien mélanger. Une fois le mélange homogène, vous pouvez ajouter le résultat à la peinture à modifier en mélangeant bien à nouveau.

VOIR
Jardin debout
p. 138.

Peinture à la farine

Il faut :

- 1 l d'eau
- 80 g de farine blanche
- 300 g de pigments naturels
- 30 g de sulfate de fer, pour une utilisation extérieure uniquement
- 100 ml d'huile de lin
- 5 à 10 cl de savon noir

Recette

1. Commencer par diluer la farine dans une partie de l'eau.
2. Faire bouillir le reste de l'eau dans une grande casserole.
3. Mélanger la farine diluée.
4. Faire cuire 15 minutes en remuant constamment à l'aide d'un fouet.

5. Ajouter les pigments et le sulfate de fer.
6. Continuer la cuisson pendant 15 minutes en remuant systématiquement.
7. Ajouter l'huile de lin.

8. Cuire encore 15 minutes en remuant systématiquement.
9. Ajouter le savon noir pour favoriser l'émulsion.
10. Laisser refroidir avant utilisation.
11. Diluer avec un peu d'eau si la peinture vous semble trop épaisse. Elle doit être fluide mais sans couler, avec une consistance proche d'une pâte à crêpes. Vous pouvez la tamiser pour éliminer les éventuels petits grumeaux et autres résidus qui auraient pu coller sur les parois.

UTILISATION

Utilisez un pinceau pour l'appliquer. La première couche sèche en moins d'une heure. Elle peut être diluée à 10 ou 20 % d'eau si besoin sur un bois neuf pour la première couche.

La seconde couche se passe après un délai de 24 heures pour être parfaitement sûr d'avoir un séchage à cœur.

Elle se conserve dans un bocal hermétique à l'abri de la lumière et dans un endroit frais.

Vous pouvez la diluer un peu si vous l'utilisez après un long stockage.

Les outils se nettoient à l'eau.

La peinture peut résister de 5 à 10 ans selon les conditions. Un nettoyage à l'eau savonneuse assurera un support prêt à recevoir la nouvelle couche.

Lasure à la bière

Simple et économique, cette finition de type lasure laisse apparaître le veinage du bois par transparence. Son rendu mat offre une touche de décoration tout en protégeant le bois. Son effet est différent selon le type de bois, le veinage, l'état de départ... Un exemple sur deux planches quasiment identiques provenant d'une même palette mais dont les marques de sciage sont différentes. Testez le rendu si possible sur une chute avant l'application définitive.

Cette lasure ne résiste pas à l'eau et demande donc à être protégée si vous ne voulez pas la voir disparaître au premier coup d'éponge. Une application de cire, de vernis ou un mélange $^{2}/_{3}$ d'huile de lin + $^{1}/_{3}$ d'essence d'agrumes lui permettra de résister aux sollicitations en la fixant sur le support.

Lasure à la bière

Il faut :

- 50 cl de bière
- 30 g de pigment naturel

Recette

1. Verser la bière dans une casserole.
2. Ajouter les pigments.
3. Remuer lentement pour ne pas faire mousser outre mesure la préparation. Le mélange doit rester liquide.
4. Remuer de temps en temps le mélange pour vérifier que certains pigments ne se déposent pas au fond du récipient.

UTILISATION

Passer une première couche dans le sens des fibres du bois. Laisser sécher et appliquer une seconde couche.

Les projets en palettes

Table basse

Cette table basse simple et design s'intégrera idéalement dans un salon pour accueillir des amis ou dans une chambre d'enfant en guise de bureau par exemple.

Dimensions

- 92 x 45 cm
- Hauteur : 42 cm

Matériel nécessaire

- Plateau : 5 planches de 92 cm
- Pieds : 8 planches de 40 cm
- Traverses : 3 planches de 31 cm
- Bandeaux : 2 planches de 60 cm / 2 planches de 18 cm

Préparation du fond

1 Positionnez les planches qui composent le fond et vérifiez l'assemblage à blanc. Selon vos besoins et les dimensions de la salle dans laquelle se trouvera votre table, vous pouvez ajuster les dimensions finales. Le principe de fabrication reste identique, il vous suffit d'adapter la dimension des planches à chaque étape.

Découpe et assemblage des pieds

2 Pour la suite de notre projet, il est important de fabriquer les pieds dès le début. Pour une table basse, la hauteur de pieds idéale se situe entre 40 et 45 cm.

La planche utilisée ici mesure 8,5 cm de large. J'ai décidé de fabriquer des pieds de 5 cm de large à la base.

Pour cela, tracez un trait de coupe à 40 cm qui permettra de débiter le pied à la bonne longueur. À partir du bord inférieur droit, mesurez 5 cm et tracez un repère. Reliez ce repère à l'extrémité supérieure gauche pour dessiner la forme du pied. La partie hachurée est la partie à jeter quand vous aurez découpé le long de la ligne transversale.

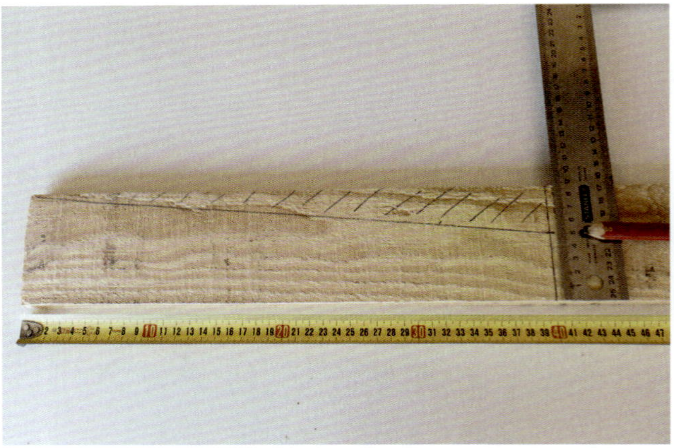

Une scie sauteuse peut s'avérer utile pour découper plus rapidement et plus précisément sur une longue section.

❸ Répétez l'opération de manière à avoir huit planches identiques qui, une fois assemblées par paire, formeront quatre pieds.

ASTUCE

Si vous prévoyez de fabriquer à nouveau une table basse, vous pouvez créer un gabarit sur une pièce de contreplaqué ou de carton pour éviter de mesurer à nouveau la prochaine fois.

❹ Quand toutes vos pièces sont découpées, il suffit de les assembler deux par deux perpendiculairement pour former un pied. Vous pouvez tracer l'épaisseur de la planche inférieure pour réaliser les avant-trous qui éviteront de fendre le bois en vissant. Pensez au fraisage pour un résultat plus esthétique. Il est aussi possible de clouer les pieds, toujours avec un avant-trou, pour un résultat plus discret.

Découpe des traverses et positionnement des pieds

5 Pour que votre table soit équilibrée et stable, il convient de bien répartir les pieds. Un positionnement à 8 cm d'une part et à 5 cm d'autre part pour chaque pied permet une bonne répartition. Marquez l'emplacement des pieds en traçant le contour au crayon par exemple.

6 Une fois vos pieds placés, mesurez la cote intérieure pour déterminer la longueur de la traverse sur laquelle se fixeront les pieds. Découpez trois traverses identiques.

7 Pour garantir un bon alignement des trois traverses avant le vissage, vous pouvez vous aider d'un guide rectiligne comme un tasseau ou une règle.

8 Vissez chaque traverse sur le fond après avoir repéré, percé et fraisé des avant-trous.

9 Percez des avant-trous que vous fraiserez pour visser les pieds. J'ai utilisé quatre vis de 4 x 40 mm par pied pour assurer une bonne prise. C'est le point important pour garantir une bonne stabilité de l'ensemble.

Découpe des bandeaux

10 Une fois les quatre pieds fixés, il reste à découper les planches qui viendront en bandeau pour apporter une finition soignée.

Positionnez la planche contre les pieds et tracez l'angle de découpe le long du pied.

Il peut arriver qu'il y ait un léger décalage de positionnement dans les pieds donc, pour être sûr d'avoir la bonne dimension pour chaque planche, il est préférable de tracer chaque trait de coupe en positionnant la planche contre les pieds. Si vous utilisez la première planche comme gabarit, vous pouvez vous retrouver avec une planche à la mauvaise dimension.

11 Vissez chaque planche sur la traverse correspondante en ayant fraisé les avant-trous.

12 Il se peut que certaines planches ne soient pas exactement rectilignes et qu'il y ait un léger décalage d'alignement. Pour y remédier, vous pouvez utiliser un petit clou sans tête plate (« tête homme ») pour maintenir la pièce dans le bon alignement. Une fois la table positionnée à l'endroit, il sera invisible.

Bureau

Classer quelques documents, se poser pour écrire quelques lignes ou dessiner… vous allez apprécier la polyvalence de ce bureau d'appoint !

Dimensions

- 46 x 100 cm
- Hauteur : 75 cm

Matériel nécessaire

- Pieds : 4 chevrons de 74 cm (section 45 x 70 mm) + 2 traverses de 36 cm / 4 planches de 36 cm + 4 planches de 5 cm
- Plateau : 6 planches de 100 cm

Préparation du fond

1. Positionnez les planches qui composent le fond et vérifiez l'assemblage à blanc pour assurer une bonne mise en place des planches entre elles. Mesurez la largeur du plateau et notez-la pour la suite des travaux. Ici, 46 cm.

Découpe et assemblage des pieds

2. Pour un bureau, la hauteur idéale se situe autour de 75 cm. L'épaisseur du plateau étant de 2 cm environ, les quatre pieds seront découpés à 73 cm.

   Il est important de bien s'appliquer lors de la découpe des pieds pour avoir quatre pieds exactement de même longueur avec des coupes nettes. Une scie circulaire peut vous aider lors de cette opération.

3. Une fois découpés, positionnez deux pieds de part et d'autre des bords longs du plateau et mesurez la cote intérieure. Soit la largeur du plateau – 2 fois l'épaisseur des pieds. Découpez quatre planches selon cette dimension ainsi que deux chevrons.
   Il est nécessaire que vos planches soient de la même largeur que vos chevrons pour faciliter l'assemblage.

4. Assemblez les planches deux par deux perpendiculairement en les vissant. Fraisez vos avant-trous pour que vos têtes de vis affleurent et ne gênent pas le positionnement du plateau ensuite.

5. Une fois assemblées, mesurez la hauteur à découper sur une planche, comme indiqué sur la photo. Découpez en quatre exemplaires que vous fixerez à chaque extrémité des deux pièces que vous venez d'assembler.

Pour faciliter votre travail, veillez à utiliser des planches de même largeur pour la fabrication de ces deux pièces.

6. Vissez chaque pièce sur le haut de vos pieds en veillant bien à respecter un alignement parfait avec le haut de vos chevrons pour une bonne stabilité de l'ensemble.

7 Vissez le chevron sur la partie basse du pied après avoir fraisé vos avant-trous. Je l'ai placé à 15 cm en partant du bas pour des raisons esthétiques. Selon l'épaisseur de votre chevron, il vous faudra utiliser des vis assez longues pour un assemblage solide. Ici, ce sont des vis de 8 cm pour un chevron épais de 5 cm.

Répétez exactement l'opération pour le second pied.

Fixation des pieds

8 Posez vos pieds au sol et positionnez les planches formant le plateau dessus. Commencez par visser les deux planches situées aux extrémités à l'aide de deux vis, vérifiez l'équerrage et terminez le vissage des autres planches.

Réalisation du caisson

9 Pour recevoir le tiroir, nous allons créer un caisson. La profondeur du caisson est celle de votre plateau supérieur (ici, 46 cm). La largeur est adaptable selon vos envies. Vous pouvez calculer les dimensions de votre tiroir dès à présent, voire le fabriquer et fabriquer le caisson en fonction par exemple.

Quelques notions importantes à prendre en compte :

- pour la fabrication du tiroir, vous aurez besoin de planches de grande largeur afin d'avoir un espace de rangement en hauteur suffisant. J'ai utilisé des planches de 10 cm de large.

- qui dit grande largeur pour le tiroir dit largeur encore plus importante pour le caisson ! Les planches mesuraient 12 cm.

C'est le type de planches que vous pouvez trouver (aux extrémités) sur les palettes de type Europe.

10 Découpez deux planches de la largeur de votre plateau et autant que nécessaire pour former les dessus selon la largeur voulue. Ici, 36 cm. Vous pouvez choisir de clouer les planches du dessus pour un résultat plus discret.

11 Afin de créer un fond lisse pour permettre le bon coulissement du tiroir et aussi la fixation au plateau, plusieurs options s'offrent à vous :

- vous pouvez décider de ne travailler qu'avec des planches de palettes comme je vous le propose.

- vous pouvez remplacer les deux planches de palettes qui vont suivre par deux cornières en alu par exemple. Vous évitez ainsi de surélever votre tiroir par la même occasion.

- vous pouvez opter pour un fond découpé dans une fine planche de contreplaqué. Les dimensions seront les mêmes que celles du dessus de votre caisson dans ce cas.

Si vous optez pour l'utilisation de deux planches de palettes, voici les étapes.

12 Retournez votre caisson, positionnez une planche de manière à mesurer la longueur nécessaire (celle de la profondeur de votre plateau) et marquez un trait de coupe. Découpez deux planches sur ce modèle.

13 Vissez-les ensuite sur la tranche interne de chaque planche du caisson.

14 Positionnez le caisson sur le plateau et vissez-le par-dessous.

Réalisation du tiroir

Pour calculer les dimensions de votre tiroir, il suffit de suivre les instructions suivantes :

- **Pour les deux montants latéraux :**

Il s'agit de la profondeur de votre plateau ou de votre caisson tout simplement (ici, 46 cm). Découpez deux planches de la profondeur de votre caisson pour constituer les montants latéraux.

- **Pour le fond du tiroir :**

Mesurez la largeur de votre caisson, ôtez 5 mm puis ôtez l'épaisseur de vos deux montants latéraux. Découpez une planche selon la longueur obtenue.

- **Pour la façade du tiroir :**

Il s'agit de la largeur de votre caisson, ainsi elle en recouvrira les montants une fois le tiroir refermé.

15 Vissez le fond du tiroir entre les deux montants latéraux.

16 Pour positionner la façade, insérez le tiroir dans le caisson. Posez la façade sur le caisson et repérez l'alignement des avant-trous à percer pour la fixation.

17 Pour créer le fond du tiroir, j'ai utilisé une chute d'isorel. vous pouvez aussi prendre du contreplaqué ou tout autre matériau de récup' que vous auriez sous la main. Posez votre tiroir sur le fond, tracez les contours et découpez le matériau. Clouez-le ensuite sur votre tiroir.

18 En guise de poignée, j'ai découpé un morceau de bois flotté que j'ai vissé sur la façade. Laissez libre cours à votre imagination !

Range-légumes

Quoi de plus agréable que de beaux légumes, à portée de main dans votre cuisine ? Rangés dans ce meuble, ils seront toujours disponibles pour réaliser de bons petits plats.

Dimensions

- 28 x 36 cm
- Hauteur : 80 cm

Matériel nécessaire

- Pieds : 2 planches de 77 cm + 2 planches de 27 cm
- Bacs : 12 planches de 25 cm
- Fonds des bacs : 9 planches de 29 cm

Découpe des parois

Pour commencer, nous allons préparer un panier qui accueillera les légumes. Le panier se compose de quatre planches pour les parois et de trois planches pour le fond. Les dimensions sont adaptables en fonction de vos besoins et/ou de votre matière première.

1 Découpez quatre planches de 25 cm de long pour les parois.

2 Positionnez-les comme si elles étaient déjà fixées pour déterminer la longueur des planches qui composeront le fond. En fait, il s'agit de 25 cm + 2 fois l'épaisseur d'une planche.

3 Découpez les trois planches à la bonne dimension (ici, 28,5 cm) et mettez-les de côté.

Assemblage des parois

4 Positionnez deux planches composant la paroi perpendiculairement et repérez l'emplacement à l'aide du crayon de chaque côté. Faites de même avec une seconde planche.

Ces repères vont vous aider à percer les avant-trous pour éviter de fendre le bois en clouant. Utilisez une mèche fine (type 2 mm) : le clou ne doit pas flotter dans le trou mais rentrer en force pour la solidité.

ASTUCE

Au moment de clouer les planches ensemble, enfoncez un premier clou en vérifiant bien l'alignement de vos planches et procédez de même avec le clou opposé sur la seconde planche. Il est intéressant de procéder ainsi car vous pouvez encore vérifier que tout est bien positionné et ajuster votre planche avant de la fixer définitivement en enfonçant le second clou.

5 Clouez les deux planches pour composer les parois du panier.

Fixation du fond

6 Positionnez les trois planches sur le fond pour vérifier leur bon emplacement avant de clouer. Profitez-en pour repérer les avant-trous à percer.

7 Commencez par clouer les deux planches aux extrémités, ce qui facilite le centrage de la troisième. Votre premier panier est terminé.

8 Répétez les étapes pour en fabriquer deux autres.

Découpe des pieds

9 Pour donner au meuble une légère inclinaison vers l'arrière, nous allons tracer un angle de 8° sur la partie basse des pieds. Ensuite pour que chaque panier soit incliné vers l'avant, nous allons tracer et découper selon un angle de 20° la partie supérieure de la planche.

10 Une fois les découpes effectuées, il ne reste qu'à fixer le pied sur sa base à l'aide de quatre vis.

Fixation des paniers

11 L'angle de 20° découpé sur la partie supérieure de la planche va servir de guide pour positionner les deux autres paniers. Positionnez le panier supérieur en suivant bien l'angle et mesurez l'espace entre la fin du pied et la partie arrière du panier : cette mesure vous aidera à positionner correctement les deux autres paniers.

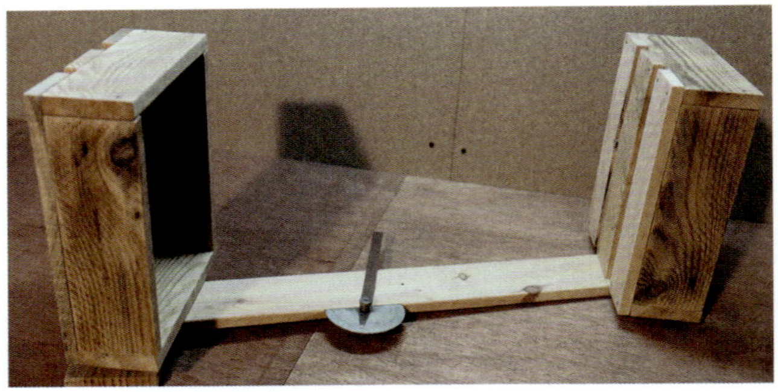

12 À l'aide du rapporteur, tracez sur le pied deux angles de 20° aux emplacements des paniers. Vérifiez l'esthétique générale avant de passer à la fixation.

13 L'emploi d'une pince étau permet de faciliter le vissage en maintenant correctement les pièces à leur emplacement.

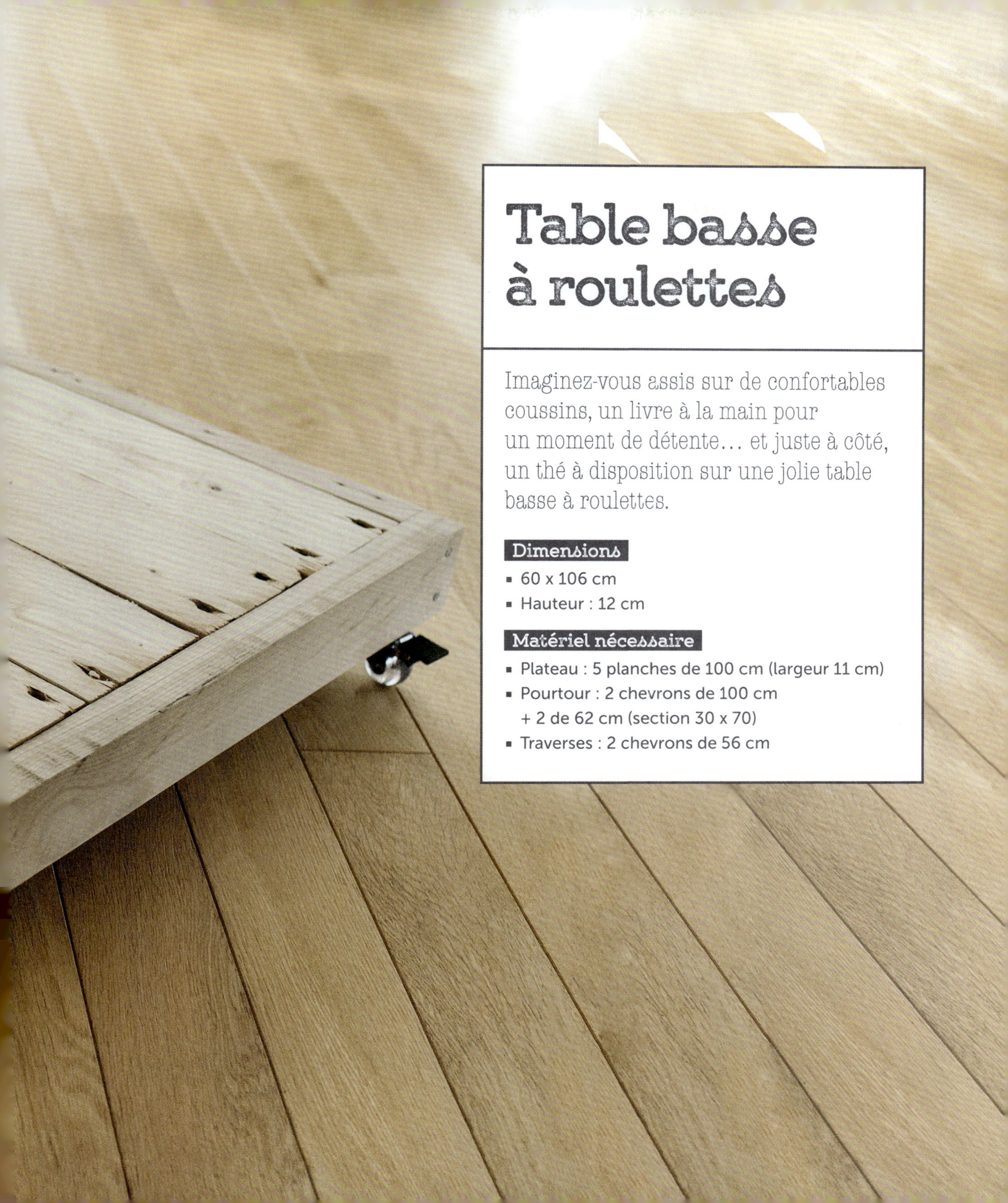

Table basse à roulettes

Imaginez-vous assis sur de confortables coussins, un livre à la main pour un moment de détente… et juste à côté, un thé à disposition sur une jolie table basse à roulettes.

Dimensions

- 60 x 106 cm
- Hauteur : 12 cm

Matériel nécessaire

- Plateau : 5 planches de 100 cm (largeur 11 cm)
- Pourtour : 2 chevrons de 100 cm + 2 de 62 cm (section 30 x 70)
- Traverses : 2 chevrons de 56 cm

Découpe des montants

1 Positionnez les planches qui composent le fond côte à côte et vérifiez leur alignement.

2 Positionnez les deux chevrons sur les bords longs en les alignant avec les planches du fond.

Positionnez ensuite les deux chevrons qui constituent les bords courts et marquez le repère de coupe en prenant bien la cote extérieure.

Découpe des traverses

3 Positionnez la traverse sur le fond et marquez le trait de coupe.

4 Répétez l'opération pour la seconde traverse et vérifiez leur positionnement après les avoir sciées.

5 Tracez les repères pour percer les avant-trous qui seront fraisés et procédez au vissage des traverses sur le fond.

6 Une fois les traverses fixées, tracez leur contour sur les montants. Ce contour va vous aider à percer deux avant-trous pour clouer le montant et la traverse en étant bien alignés.

7 Pendant le clouage, utilisez deux serre-joints si besoin pour bien maintenir l'ensemble en place et assurer un bon alignement.

⚠ Quand vous clouez les montants sur les traverses, le dessus de votre table se trouve contre l'établi. Il est très important de s'assurer que le plateau est parfaitement à plat sur l'établi, sans quoi vos montants et votre plateau ne seront pas correctement alignés quand vous retournerez votre table.
Il peut être nécessaire parfois de travailler à vue en positionnant la table sur chant, ce qui vous permet de vérifier en temps réel que tout est bien aligné.

8 Procédez de même que pour les traverses en marquant l'emplacement des montants courts. Percez deux avant-trous de chaque côté et clouez le chevron.

Votre table est désormais clouée et prête à recevoir ses roulettes.

Fixation des roulettes

9 J'ai choisi d'utiliser des roulettes de 50 mm pour conserver la table au ras du sol mais vous pouvez décider de fixer des roulettes plus grandes selon vos envies. Si la platine de vos roulettes est trop grande pour être fixée sur les montants, il est possible de les fixer sur les traverses par exemple.

Pensez à vous munir de roulettes équipées de frein pour garantir une bonne stabilité de votre table.

Caisse de rangement

La caisse en bois représente en quelque sorte un objet multifonctions, rapide à fabriquer et dont les usages n'ont de limite que votre imagination : rangement, stockage, étagères modulables, coffre à jouets…

Dimensions

- 58 x 32 cm
- Hauteur : 30 cm

Matériel nécessaire

- Petits côtés : 6 planches de 29 cm
- Grands côtés : 6 planches de 58 cm
- Fond : 4 planches de 27 cm
- 4 tasseaux de 27 cm

Préparation des côtés

1 Positionnez les planches du bord long côte à côte et à l'aide d'une planche du bord court, tracez son épaisseur. Ce repère va vous servir à aligner le tasseau de fixation pour que les planches soient alignées au moment de la fixation.

2 Alignez le tasseau sur ce repère.

3 Retournez le panneau et vissez les planches sur le tasseau. Pensez à laisser un espace plus important entre les deux planches du haut pour y glisser facilement votre main. Répétez la même opération pour le second côté opposé. Servez-vous du premier panneau créé pour conserver les mêmes espacements. Mettez-le de côté : il sera assemblé juste après les montants courts.

VARIANTES POSSIBLES

- Découpez une légère encoche dans la planche supérieure pour créer une poignée. Espacez les planches régulièrement dans ce cas.
- Fixez deux poignées externes sur les planches du milieu pour ajouter une touche de déco (en métal, en bois flotté...).

Assemblage des différentes faces

4 Fixez les montants courts sur le tasseau.
Fixez ensuite le second panneau long sur les planches que vous venez de fixer et terminez par celles du côté court.
Le contour de votre caisse est terminé.

5 Retournez votre caisse, fond vers le haut. Fixez les deux planches du fond situées aux extrémités sur les tasseaux pour assurer une bonne solidité.

Pour éviter l'éclatement du bois, j'ai choisi de clouer les planches centrales plutôt que de les visser car les planches utilisées ici étaient assez fines. Vous pouvez adapter selon l'épaisseur des vôtres. Pour une efficacité maximale, utilisez des pointes torsadées qui résisteront mieux à l'arrachement en cas de charges lourdes.

Variantes possibles à partir de ce projet

Comme je vous l'indiquais, la caisse est un objet polyvalent dans son utilisation et aussi dans sa fabrication. En modifiant les dimensions pour l'adapter à vos besoins, il est possible de créer sur cette même base un coffre de rangement simple ou avec une assise intégrée par exemple.

Vous pouvez aussi choisir de fabriquer des caisses de différentes tailles pour ensuite les empiler et les fixer de manière à créer une sorte de bibliothèque ou d'étagère aux formes uniques.

Meuble à chaussures

Et si un meuble vous permettait de ranger vos chaussures ainsi que vos petits accessoires tout en vous offrant une assise confortable pour les enfiler ? Le meuble idéal pour votre entrée !

Dimensions

- 120 x 42 cm
- Hauteur : 42 cm

Matériel nécessaire

- Assise : 5 planches de 120 cm
- Bandeau : 1 planche de 120 cm
- Séparations : 6 planches de 40 cm + 15 planches de 40 cm
- Socle : 5 planches de 37 cm + 5 planches de 74 cm
- Étagères chaussures : 5 planches de 74 cm + 2 tasseaux de 40 cm

Préparation des panneaux

1 Pour commencer, nous allons fabriquer deux panneaux latéraux et un panneau central, tous trois de mêmes dimensions.
Positionnez les planches qui composent le panneau côte à côte. Positionnez et mesurez la longueur d'une traverse. Coupez cette traverse et utilisez-la comme gabarit pour fabriquer six traverses identiques.

2 Prenez deux traverses et positionnez-les de chaque côté du panneau en les alignant parfaitement sur la partie basse. Afin de créer un assemblage invisible, nous allons visser les panneaux depuis la face interne. Il est donc important de positionner votre panneau face visible tournée vers l'établi.

Préparation de l'assise et des étagères

3 Positionnez les planches formant l'assise côte à côte. Tracez, en partant de l'extrémité droite, l'épaisseur de la base du panneau fabriqué précédemment puis celle de la traverse interne. Il s'agit en fait de la largeur du pied du panneau sans la traverse extérieure. Sur la photo, la planche extérieure symbolise le panneau et celle intérieure la traverse interne. Vous obtenez ainsi deux traits de positionnement.

4 À partir du trait intérieur, mesurez 74 cm et marquez l'épaisseur d'une planche du panneau.

Les dimensions que j'ai utilisées correspondent à un meuble de 120 cm de long. Elles sont à adapter si vos planches ont des dimensions différentes. L'idée est de garder un léger débordement de l'assise et de créer deux espaces de rangement deux tiers/un tiers environ.

5 Puis à partir du trait intérieur récemment tracé, mesurez 37 cm et marquez à nouveau l'épaisseur d'une planche. Ces traits vont servir de repères pour percer et fraiser les avant-trous et visser l'assise sur les panneaux. Mettez les planches de côté pour le moment.

6 En vous basant sur les mesures précédentes (ici, 37 cm et 74 cm), découpez un lot de planches à 37 cm et deux lots à 74 cm.
Fixez les planches de 37 cm entre deux panneaux en positionnant tout d'abord les deux planches aux extrémités afin d'assurer un bon équerrage.

7 Répétez l'opération pour le second lot de planches à 74 cm pour obtenir le résultat de la photo.

Fixation de la seconde étagère

8 Positionnez votre tasseau sur la base du meuble et marquez le trait de coupe. Découpez deux tasseaux identiques. Percez des avant-trous que vous fraiserez pour éviter de fendre le bois au moment du vissage.

9 Fixez le tasseau à 15 cm de la base.

10 Vissez le dernier lot de planches de 74 cm sur les tasseaux en commençant toujours par les deux extrémités puis le centre.

Fixation de l'assise

11 En vous servant des traits préalablement tracés sur l'assise, percez et fraisez les avant-trous.

12 Positionnez les planches des extrémités en premier pour faciliter le centrage des autres. Surtout lorsqu'il est prévu un léger débordement de l'assise.

La partie gauche peut servir de rangement pour des bottines par exemple ou accueillir une caisse de rangement pour vos accessoires tels que gants, bonnets... Pour la fabrication de la caisse, je vous renvoie à la page 69.

PRODUIT DE FRANCE
Inquisition
PAR
SEMPER
maury
Viatge
Cuvée de l'Ours
DOMAINE
SAINTE PAULE
Corbières
GÉRARD BERTRAND

Étagère à vin

Voici une réalisation à la fois simple et pratique pour avoir à portée de main vos bouteilles préférées. Parfait pour improviser un apéritif !

Dimensions

- 60 x 24 cm

Matériel nécessaire

- Traverses : 3 planches de 59 cm
- Fond repose-bouteilles : 1 planche de 55 cm
- Repose-verres : 1 planche de 55 cm
- Montants : 2 planches de 23 cm

Découpe du repose-verres

Pour la réalisation de cette étagère, j'ai choisi une dimension de 59 cm de long. Une dimension qui permet de l'intégrer par exemple entre deux éléments de cuisine dont la largeur moyenne est de 60 cm.

Vous pouvez bien entendu l'adapter à vos besoins en variant les dimensions. Le principe de construction reste identique. Avec ce modèle, vous pouvez stocker six verres et six bouteilles standard.

> Il est important d'utiliser des planches assez larges pour les montants et le fond (ici, 9,5 cm) afin de permettre à tout type de bouteille d'être stocké.

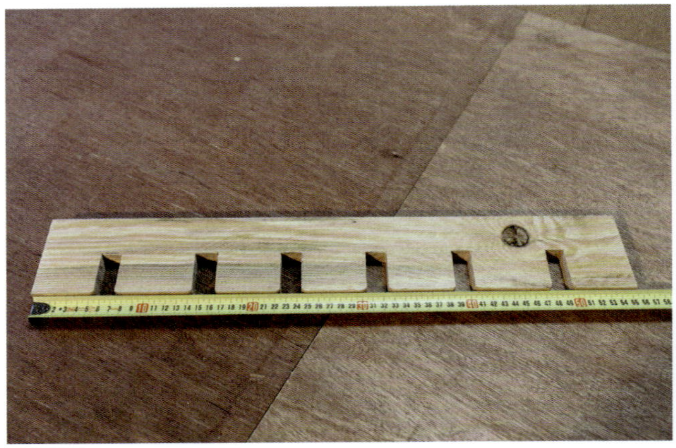

1 Découpez la planche repose-verres à 55 cm. Nous allons réaliser des encoches de 2 cm de largeur tous les 6 à 7 cm afin de répartir équitablement l'ensemble. Il peut être judicieux de vérifier si cet espacement est suffisant pour vos verres en les posant côte à côte sur l'établi et en mesurant l'espace nécessaire entre chaque pied.

Découpe des montants latéraux

2 Pour les montants latéraux, découpez deux planches de 23 cm de long. Vous pouvez arrondir leur partie supérieure à l'aide d'une scie sauteuse afin de rendre l'étagère plus esthétique et moins anguleuse.

Fixation des montants et des fonds

3 Posez le repose-verres sur l'établi et repérez l'emplacement des points de fixation à percer et à fraiser. Vissez les montants.

4 Une fois le repose-verres fixé, mesurez et tracez un trait de repère à 3 cm pour fixer le support de bouteilles. Percez les avant-trous et vissez le support.

Fixations des traverses

5 Mesurez la longueur de votre étagère et découpez trois planches qui serviront de traverses pour retenir les bouteilles et pour la fixation murale.

Alignez la première planche sur le support à bouteilles et vissez après avoir percé des avant-trous.
Répétez l'opération sur la face avant en respectant le même alignement.

6 Terminez par la fixation de la traverse haute sur la partie arrière en l'alignant sur le haut des montants.

PRODUIT DE FRANCE
Inquisition
PAR
SEMPER
maury
Viatge
Cuvée de L'Ours
200
DOMAINE
SAINTE PAULE
Corbières
GÉRARD BERTRAND
ARBOIS

Porte-manteaux

Complémentaire du meuble à chaussures proposé dans cet ouvrage, voici un porte-manteaux prêt à accueillir vos vestes et vos petits accessoires.

Dimensions

- 80 x 100 cm

Matériel nécessaire

- Fond : 8 planches de 100 cm
- Traverses : 2 planches de 80 cm
- Étagère supérieure : 1 planche de 80 cm
- Étagère inférieure : 1 planche de 24 cm
- Vide-poches : 5 planches de 26 cm

AMOUR
THIS IS YOUR LIFE.
IF YOU DON'T LIKE YOUR JOB, QUIT.
START DOING THINGS YOU LOVE.
LIFE IS SIMPLE.
LIFE IS SHORT.
LIVE YOUR DREAM, AND WEAR

Préparation du fond

1 Positionnez les planches qui composent le fond et mesurez la longueur des deux traverses qui serviront de maintien. Découpez les traverses.

2 Marquez les emplacements des avant-trous à fraiser en positionnant les traverses sur le fond.

3 Mesurez la distance à laquelle vous souhaitez fixer vos traverses (ici, 17 cm) et tracez un repère de chaque côté pour bien les aligner. Utilisez toujours deux vis minimum pour les planches extérieures afin de garantir un bon équerrage.

Découpe et fixation de l'étagère supérieure

4 Positionnez la planche sur le plateau, mesurez la longueur et découpez la planche. Déterminez la position de l'étagère et tracez son épaisseur pour vous repérer au moment de percer les avant-trous.

5 Vissez l'étagère en utilisant des vis dont la longueur est suffisante pour assurer un bon maintien. Idéalement, elles doivent au moins pénétrer jusqu'à la moitié de votre étagère.

Réalisation du vide-poche

6 Positionnez les planches qui vont former la face avant du vide-poche sur le plateau ainsi que celle formant le montant latéral. Disposez les planches comme vous le souhaitez et tracez un repère sur le montant.

7 À l'aide d'une planche de la face avant, tracez une ligne de découpe comme sur la photo. La partie hachurée est la partie à supprimer.

8 Répétez l'opération pour le second montant.

9 Clouez ensuite les planches de la face avant sur les montants.

10 Positionnez le vide-poche sur le plateau pour tracer l'épaisseur des montants. Percez les avant-trous, fraisez et vissez le vide-poche.

Fixation de l'étagère d'appoint

11 Découpez par exemple dans une chute de bois une petite étagère d'appoint qui servira à équilibrer l'ensemble. J'ai choisi une planche large pour pouvoir y déposer une petite plante ou un objet de déco.

12 Sous cette étagère, vous pouvez visser deux ou trois crochets en guise d'accroche-clés par exemple.

13 Fixez ensuite deux patères pour accueillir vos vestes et accessoires.

Étagère escalier

Cette étagère tout en hauteur trouvera facilement sa place dans votre salle de bains pour y ranger vos serviettes ou dans une véranda pour y déposer quelques plantes et autres objets de décoration.

Dimensions

- 42 x 50 cm
- Hauteur : 150 cm

Matériel nécessaire

- Montants : 4 planches de 150 cm (largeur 10 cm)
- Traverses : 2 planches de 11 cm/ 2 de 20 cm / 2 de 28 cm / 2 de 38 cm / 2 de 46 cm
- Étagères : 18 planches de 38 cm

LAUGH
Oncontrollably
and
NEVER REGRET

Réalisation des pieds

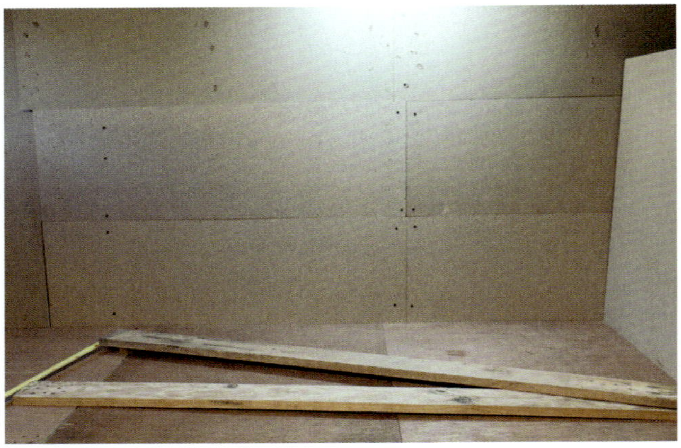

1 Pour commencer, nous allons déterminer le positionnement des pieds. Pour cela, placez les deux montants sur votre établi et dessinez deux jambes qui pourraient ressembler à un compas. Variez l'écartement pour donner la forme souhaitée. Pour connaître l'encombrement au sol, vous pouvez placer un mètre au niveau des pieds et déterminer ainsi le bon angle. J'ai opté pour un écartement de 50 cm.

2 Quand vous avez trouvé le bon angle, tracez un repère le long du montant supérieur afin de marquer le trait de coupe. La partie hachurée est celle à supprimer. Vous pouvez utiliser une scie sauteuse pour faciliter la découpe. Ajustez la zone de coupe en ponçant pour la rendre bien plate, ce qui permettra aux deux montants de bien jointer.

3 Pour que votre pied avant soit parallèle au sol, il va falloir déterminer l'angle de coupe.

Positionnez vos deux montants comme s'ils étaient fixés. Prenez une planche bien rectiligne et placez-la perpendiculairement sur le pied arrière. Faites glisser le pied avant jusqu'à ce que votre planche coïncide avec l'angle avant du pied comme sur la photo. Tracez un repère sur le pied avant en suivant la planche posée dessus. Découpez la partie hachurée et conservez la chute pour la suite.

Répétez l'opération pour créer les deux autres pieds.

Découpe et fixation des traverses

4 Calez vos montants contre un guide rectiligne (vous pouvez fixer une planche le long de votre établi avec deux serre-joints pour former un appui) pour être sûr du bon équerrage des deux pieds.

Déterminez ensuite l'emplacement des traverses qui viendront supporter les étagères.
J'ai choisi de laisser un espacement plus important pour l'étagère inférieure afin d'y poser des objets plus volumineux. À vous de composer selon vos besoins ou vos envies.

5 Une fois les emplacements définis, il convient de découper les traverses à la bonne longueur et en reportant l'angle d'inclinaison du pied avant.

Je vous explique tout d'abord comment trouver le bon angle. Veuillez noter avant de découper les traverses qu'elles auront des longueurs différentes selon leur emplacement.

Placez une traverse à son emplacement, alignez-la sur le pied arrière et reportez l'angle en traçant la position du pied avant.

GAIN DE TEMPS

Quand vous avez découpé le pied avant à l'étape 1, vous avez récupéré une chute qui va vous servir ici. En positionnant votre chute comme sur la photo, vous n'avez qu'à tracer l'angle sur votre traverse pour marquer le trait de coupe. J'ai placé la chute sur la traverse déjà découpée pour bien vous montrer que l'angle est le même.
Attention, il faut que votre chute soit découpée proprement pour que l'angle soit exploitable.

6 Nous allons placer des renforts sur l'étagère ultérieurement et c'est maintenant qu'il convient de prévoir leur emplacement.

Prenez bien en compte que les traverses 1,3 et 5 (soit celle du bas, du milieu et du haut) seront plus courtes.

Pour calculer leur bonne longueur, positionnez la planche qui servira de renfort avant de découper la traverse à la bonne longueur.

Pour les deux autres, leur longueur est celle des deux montants sans le renfort comme sur la photo avec la chute hachurée.

7 Tracez l'emplacement des traverses une fois découpées.

Vous pouvez percer et fraiser les avant-trous qui serviront à visser la traverse à cette étape, ce qui est plus pratique, ou juste après avoir assemblé les étagères.

Réalisation des étagères

8 Prenez les traverses par paires et vissez dessus les planches préalablement découpées selon la largeur voulue de votre étagère. J'ai choisi une largeur de 40 cm et j'ai ajouté une planche à chaque étagère en partant du haut pour un effet esthétique homogène. L'étagère supérieure a une seule planche et celle inférieure cinq. Selon la largeur de vos planches et ce que vous déposerez sur vos étagères, laissez des espaces ou jointez les planches.

10 Vous pouvez raboter et poncer légèrement la face avant de votre étagère pour l'arrondir et ainsi éviter d'avoir une arête trop vive.

9 Répétez l'opération pour chaque étagère.

Fixation des étagères

11 Après avoir assemblé vos étagères, il reste à les fixer sur les montants. Cette opération va aussi permettre de fixer les deux montants entre eux et assurer la solidité de l'ensemble.

Positionnez vos montants le long du guide réalisé lors de la première étape pour garantir un bon alignement et une assise parfaite de votre étagère au sol.

Percez et fraisez les avant-trous si vous ne l'avez pas fait à l'étape précédente et vissez vos étagères en commençant par celle du bas puis celle du haut. En procédant ainsi, vous donnez la rigidité et l'équerrage à l'ensemble de la structure. Continuez en fixant les étagères restantes.

12 Quand vous avez terminé la fixation sur un côté, positionnez les deux autres montants le long du guide, retournez la partie que vous venez de fixer dessus et répétez l'opération de vissage.

13 Pour terminer l'étagère, nous allons placer les renforts pour lesquels nous avions prévu l'emplacement à l'étape 2.

14 Positionnez le renfort pour déterminer la longueur de coupe. Découpez-le et vissez-le sur la partie arrière de chaque étagère concernée (haut, milieu et bas).

☞ Comme les planches de palettes sont rarement parfaitement rectilignes, il se peut que vous soyez obligé de dévisser et revisser certaines étagères pour ajuster l'alignement général de votre meuble une fois posé au sol. Ces petits ajustements permettent parfois d'assurer une bonne assise au sol pour ne pas avoir un meuble bancal.

Jardinière

Cuisiner avec des herbes fraîches et séchées est un régal. Avec cette jardinière, vous pourrez désormais les avoir toujours à portée de main dans votre cuisine !

Dimensions

- 60 x 70 cm

Matériel nécessaire

- Montants : 2 planches de 70 cm
- Traverses : 5 planches de 60 cm
- Fond bac inférieur : 1 planche de 56 cm
- Bacs inclinés : 2 planches de 56 cm

Découpe des traverses et des bacs

❶ Découpez cinq planches de 60 cm de long. Les quatre premières serviront pour composer le fond et la dernière servira pour la face avant du bac inférieur.

❷ Positionnez sur les planches que vous venez de découper les deux montants de 80 cm en les alignant avec les bords extérieurs comme sur la photo.

❸ Mesurez la cote intérieure et découpez trois planches à la bonne longueur.

Une planche doit être de la même largeur que les montants et les deux autres un peu plus larges pour créer les bacs inclinés. Les montants font 8 cm de large et les bacs 10 cm de large.

❹ Profitez d'avoir vos montants positionnés pour tracer leur épaisseur. Percez les avant-trous et fraisez.

Découpe et fixation des traverses

5 Placez la planche servant de fond pour le bac inférieur et tracez son épaisseur. Percez et fraisez les avant-trous, puis vissez la planche sur les montants.

6 Retournez le cadre pour placer la partie supérieure vers vous et la partie avant de la jardinière face à l'établi.

7 Vissez une traverse en l'alignant sur la partie supérieure des montants afin d'assurer la rigidité de l'ensemble.

8 Retournez le cadre et vissez la face avant du bac inférieur.

9 Retournez le cadre et mesurez 12 cm à partir de la face arrière du bac. Tracez un repère et marquez l'emplacement de votre traverse. Mesurez à nouveau 12 cm à partir de la traverse que vous venez de poser et tracez son emplacement. Vous pouvez bien sûr adapter les espacements selon les planches que vous utilisez.

Vissez les traverses à leur emplacement.

Fixation des bacs

10 Posez la jardinière face arrière sur l'établi. Positionnez une planche servant de face avant pour le bac incliné sur la première traverse et inclinez-la pour l'aligner avec la face avant du montant comme sur la photo. L'angle sera d'autant plus ouvert que votre planche sera large.

11 Veillez à ce que la planche jointe bien sur toute la partie arrière de la traverse.

Tracez l'emplacement de la planche sur les montants pour faciliter le perçage des avant-trous.

12 Vissez la planche sur les montants. Répétez l'opération pour la seconde planche.

13 Votre jardinière est terminée. Vous pouvez, si vous le souhaitez, fixer une planche en guise d'étagère sur la partie haute de votre jardinière pour y déposer des objets ou y fixer des crochets de suspension.

Il est souhaitable de garnir les bacs d'un film plastique pour préserver le bois d'un excès d'humidité si vous plantez directement en terre. Sinon vous pouvez utiliser des petits pots que vous enlèverez des bacs le temps de l'arrosage.

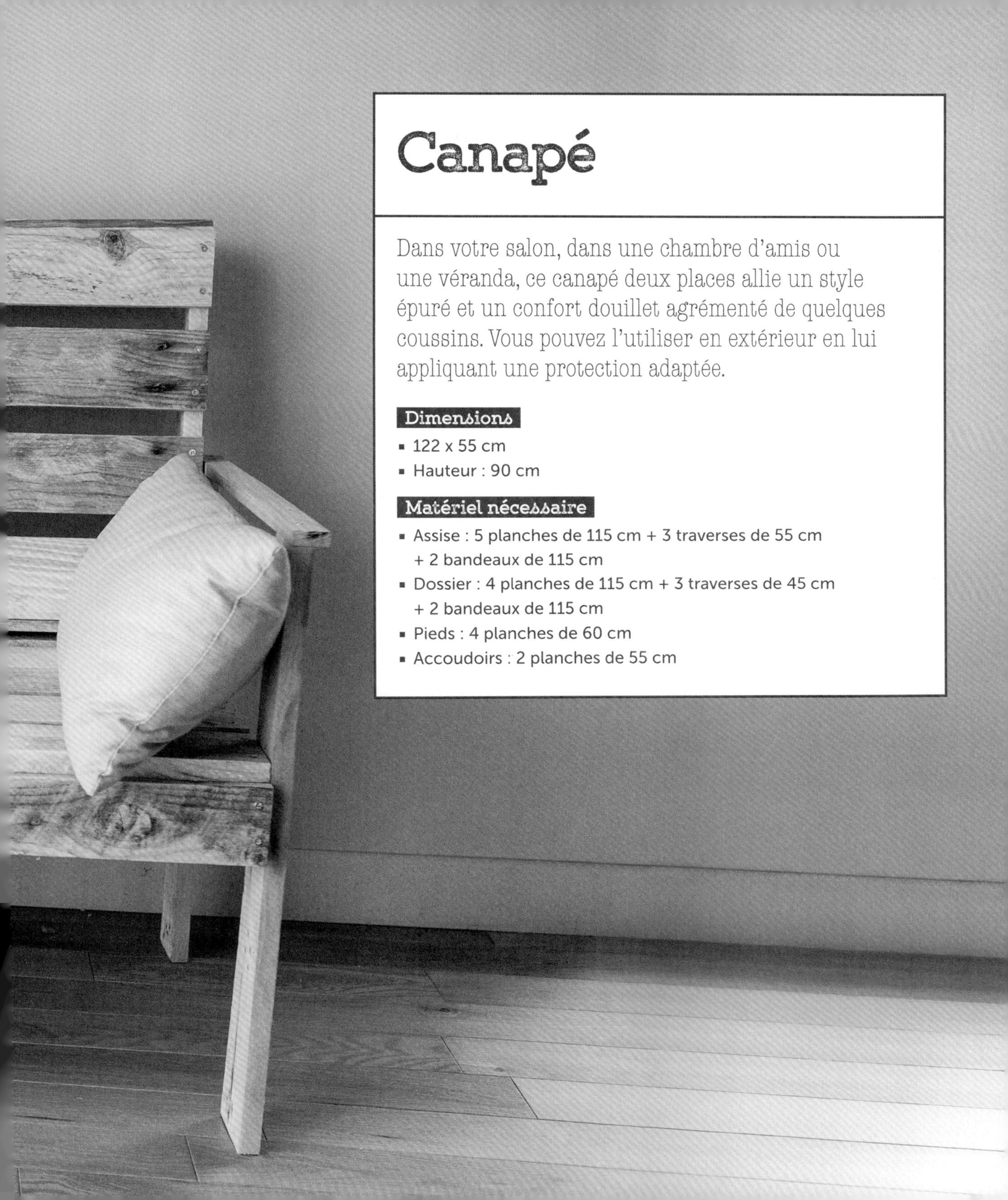

Canapé

Dans votre salon, dans une chambre d'amis ou une véranda, ce canapé deux places allie un style épuré et un confort douillet agrémenté de quelques coussins. Vous pouvez l'utiliser en extérieur en lui appliquant une protection adaptée.

Dimensions

- 122 x 55 cm
- Hauteur : 90 cm

Matériel nécessaire

- Assise : 5 planches de 115 cm + 3 traverses de 55 cm + 2 bandeaux de 115 cm
- Dossier : 4 planches de 115 cm + 3 traverses de 45 cm + 2 bandeaux de 115 cm
- Pieds : 4 planches de 60 cm
- Accoudoirs : 2 planches de 55 cm

Réalisation de l'assise

1 Positionnez les planches composant l'assise de manière à avoir une profondeur de 55 cm. Positionnez deux traverses aux extrémités et marquez le trait de coupe. Profitez-en pour tracer leur épaisseur, ce qui vous guidera dans le perçage des avant-trous.

2 Fraisez les avant-trous et vissez les planches.

> Commencez toujours par visser une seule vis sur les planches situées aux extrémités afin de trouver le bon équerrage. Vissez ensuite les autres.

3 Découpez une planche de la longueur de l'assise qui servira de bandeau frontal et une seconde pour le bandeau arrière. Percez et fraisez les avant-trous, puis vissez les deux pièces.

Si vos planches ne sont pas suffisamment rigides pour garantir une assise solide, vous devrez renforcer l'assise en vissant une traverse centrale. Mesurez la cote interne de l'assise, découpez la traverse et vissez-la sur les bandeaux avant et arrière ainsi que sur la partie supérieure de l'assise. Il est possible de réaliser cette opération au moment de l'assemblage des pieds quand vous testez votre canapé, comme ce fut le cas ici.

Réalisation du dossier

La réalisation du dossier suit le même principe que celui de l'assise, seules varient les dimensions.

4 Positionnez les planches formant le dossier de manière à avoir une profondeur de 45 cm. Positionnez les traverses et marquez le trait de coupe. Tracez leur épaisseur pour réaliser les avant-trous avant le vissage.

5 Mesurez la longueur de la traverse centrale et découpez-la. Marquez son épaisseur et percez les avant-trous. Vissez la traverse.

6 Terminez par la découpe des deux bandeaux avant et arrière, puis vissez-les.

Découpe et fixation des pieds

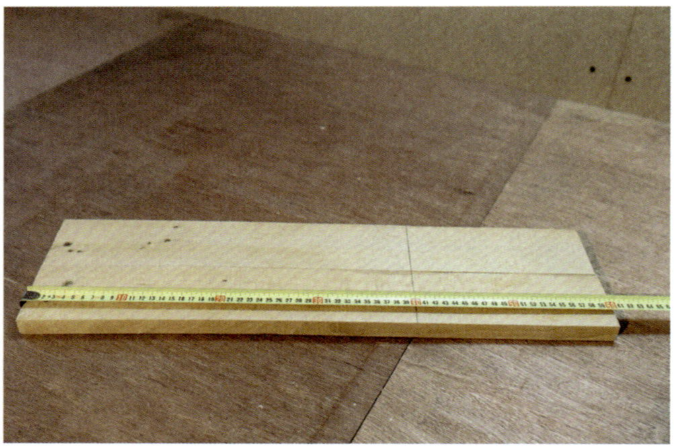

7 Découpez quatre pieds de 60 cm de long dans un chevron ou une planche suffisamment épaisse pour garantir une bonne stabilité de l'ensemble du canapé.

> Si vous n'avez pas de planches suffisamment épaisses, il est facile d'en visser deux ensemble et de les découper à bonne longueur pour créer un ensemble solide. C'est une solution qui peut remplacer avantageusement un chevron par exemple.

8 Tracez sur les pieds découpés un repère à 40 cm qui va servir à positionner les pieds sur l'assise. Ce repère est à aligner avec la partie supérieure de l'assise comme sur la photo.

9 Marquez les emplacements des avant-trous et percez-les.

10 Vérifiez la stabilité de l'ensemble en posant le canapé au sol et ajustez si besoin.

Fixation du dossier

11 Positionnez le dossier entre les parties des pieds qui dépassent de l'assise et faites-le reposer sur la dernière planche de l'assise. Donnez-lui l'inclinaison que vous souhaitez en veillant à conserver suffisamment de zone de contact avec le pied pour pouvoir le fixer solidement.

Aidez-vous de serre-joints pour maintenir le dossier en place pendant le vissage.

Découpe et fixation des accoudoirs

12 Mesurez la longueur de la planche à découper pour vos accoudoirs. Percez les avant-trous et vissez-les.

Vous pouvez choisir de créer des accoudoirs fins comme ici pour donner de la légèreté à l'ensemble ou bien d'installer des accoudoirs plus larges pour privilégier le confort par exemple.

Étagère à casiers

Cette étagère est polyvalente ! Dans l'entrée ou dans une chambre, elle peut servir de porte-manteaux avec rangements ; dans une cuisine, elle peut devenir une étagère à épices et torchons… à vous de lui définir un rôle !

Dimensions

- 83 x 30 cm
- Hauteur : 48 cm

Matériel nécessaire

- Montants externes : 6 planches de 48 cm
- Séparations internes : 6 planches de 24 cm
- Tasseaux : 2 de 22 cm + 2 de 24 cm
- Étagère inférieure : 3 planches de 80 cm (largeur 7 cm)
- Étagère supérieure : 3 planches de 80 cm (largeur 10 cm)
- Traverses haute et basse : 2 planches de 80 cm

Réalisation des montants latéraux

Pour la réalisation de cet ouvrage, j'ai choisi d'utiliser pour la partie supérieure trois planches de largeur supérieure à l'étagère du bas pour créer un décalage (voir en fin de réalisation).
Vous pouvez suivre l'idée ou choisir des planches de même largeur pour avoir deux bases identiques.

1 Positionnez les planches servant de traverses haute et basse ainsi qu'une planche pour l'étagère haute et basse afin de simuler la structure. Placez un montant en position et tracez le contour pour guider le perçage des avant-trous.

2 Vous obtenez un tracé similaire à celui sur la photo. Percez les avant-trous et fraisez-les.

3 Replacez votre montant et les deux autres pour avoir la dimension finale du panneau latéral. Placez deux tasseaux qui serviront à les relier de manière à mesurer leur bonne longueur.
Vous remarquerez que les deux tasseaux n'ont pas la même longueur. L'un des deux repose sur une traverse et donc est plus court.

4 Coupez les deux tasseaux et vissez-les sur le panneau pour maintenir les trois planches ensemble. Répétez l'opération pour le second panneau.

Assemblage de la structure

5 Une fois les tasseaux en place, reportez l'emplacement des futures planches d'étagères pour le perçage des avant-trous.

6 Vissez les quatre planches qui ont servi à simuler la structure à la première étape.

7 Vous obtenez la base de l'étagère assemblée comme sur la photo.

8 Insérez les séparations entre les deux étagères.
Aidez-vous d'un maillet si besoin pour les placer correctement.
Je les ai placées à 20 cm de chaque panneau latéral de manière à laisser un casier central plus important que ceux sur les côtés.
Tracez un repère à 20 cm pour aider au placement, puis percez les avant-trous.
Vissez-les.

9 Placez deux nouvelles planches pour les étagères haute et basse. Vissez-les aux montants.

10 Insérez à nouveau deux séparations que vous visserez après avoir percé les avant-trous.
Répétez l'opération une troisième fois pour terminer l'assemblage.

11 L'étagère est entièrement assemblée.

Finitions

12 Sur la traverse du bas, fixez quatre crochets. Selon ce que vous y suspendrez, vous pouvez adapter leur forme et leur nombre.

Meuble vasque

Conçu pour accueillir une vasque ou un évier, ce meuble modulable s'intègre facilement dans votre pièce en fonction de vos besoins. Meubler un studio, aménager une salle de bains, créer une arrière-cuisine… il ne tient qu'à vous de le créer à votre image !

Dimensions

- Longueur 97 cm / largeur 50 cm / hauteur 90 cm

Fournitures

- Pour les pieds : 4 chevrons
- Pour le support de la vasque : 4 planches ou tasseaux de 20 mm minimum
- Pour 1 étagère : 4 planches pour les montants + 6 à 7 planches pour le plateau
- Pour le tiroir : 1 planche de contreplaqué + 1 planche de grande largeur pour la façade + 3 planches pour les côtés

VARIANTE
Tiroirs

Découpe des pieds

Nous allons réaliser un assemblage à mi-bois pour fixer solidement les montants qui supporteront la vasque et assurer ainsi un bon équerrage de l'ensemble.

CONSEIL
Pensez à repérer vos pièces en notant les noms pour faciliter le travail par la suite.

1 Placez le montant correspondant à la face avant sur le pied en alignant les arêtes. Tracez l'épaisseur du montant sur le pied.

2 Hachurez les parties à retirer pour les repérer par la suite.

3 Positionnez le montant sur la face avant du pied et reportez sa largeur.

4 Hachurez à nouveau les parties à retirer. Puis reliez les traits entre eux sur les différentes faces pour compléter la forme. Aidez-vous d'une équerre pour relier les tracés.

5 Répétez l'opération pour chacun des montants.

6 Vous obtenez alors deux formes tracées sur chaque pied. Si vos montants latéraux et avant-arrière sont identiques, vous obtenez des formes identiques, sinon vous aurez des formes de tailles différentes.

7 Procédez ensuite à la découpe des pièces à retirer à l'aide d'une scie égoïne.

8 Découpez les pieds à la dimension souhaitée pour terminer.

Découpe et fixation du support pour la vasque

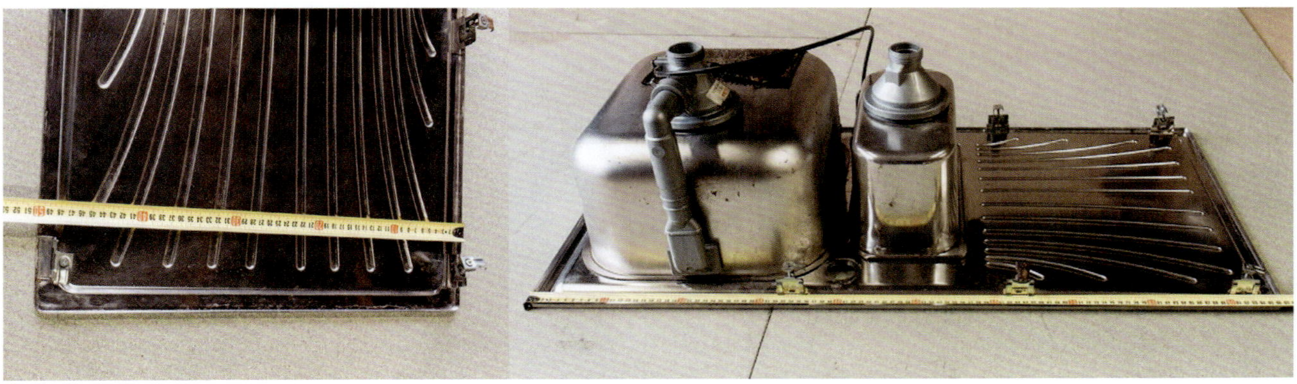

9 Posez votre vasque à l'envers et mesurez sa longueur et sa largeur pour déterminer les dimensions des montants à découper.

N.B. J'ai choisi pour cette réalisation un évier en inox de récupération qui servira à aménager un atelier. Vous pouvez choisir tout type de vasque en prenant soin d'adapter votre ouvrage au poids de celle-ci et aux contraintes éventuelles de forme et d'encombrement.

10 Reportez sur les montants à découper les mesures prises précédemment.

ASTUCE Découpez une première planche et utilisez-la comme gabarit pour la suivante. Vous limitez ainsi les différences éventuelles de mesure et obtenez deux pièces identiques.

ASTUCE Pour faciliter les mesures et les montages à angles droits, vous pouvez fixer sur votre établi deux tasseaux à 90 ° en bordure. Ils vous serviront d'appui et d'équerre tout au long de vos réalisations.

N.B. Vous pouvez opter pour un assemblage des montants avec une coupe à 45° ou par chevauchement. Dans le second cas, pensez à retirer des montants latéraux l'épaisseur du montant avant et arrière pour conserver la bonne mesure. Dans mon cas, les montants latéraux mesurent 50 cm - (2 x 15 mm) soit 47 cm. Ma longueur totale avec les montants avant et arrière est donc bien de 50 cm.

11 Positionnez vos pièces à blanc (sans les fixer définitivement) pour vérifier leur bon positionnement.

12 Ajustez si besoin les coupes effectuées sur les pieds à l'aide d'un ciseau à bois.

13 Une fois vos pièces positionnées correctement, percez deux avant-trous pour chaque montant afin de le fixer sur le pied. L'utilisation de vis d'ameublement permet de supprimer le fraisage et donne un aspect visuel plus esthétique. J'ai opté pour des vis à tête à six pans, ce qui assure un serrage puissant.

Le cadre supérieur de votre meuble est désormais assemblé.

Découpe et montage de l'étagère

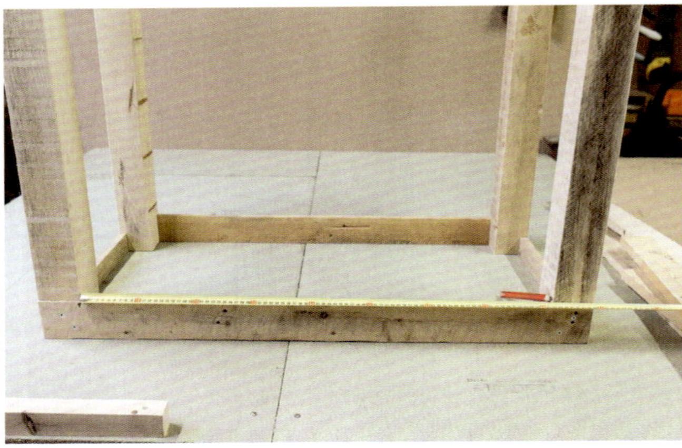

14 Afin d'être sûr d'avoir la bonne mesure pour l'écartement des pieds et assurer ainsi un bon équerrage, j'ai pris la cote juste sous le cadre supérieur (meuble retourné).

15 Celle des montants avant et arrière correspond à la cote interne entre les pieds. Celle pour les montants latéraux correspond à la cote externe moins l'épaisseur des montants avant et arrière (comme pour le support de la vasque).

16 Pour que les planches du plateau affleurent celles des montants avant et arrière, il convient de prendre en compte leur épaisseur et d'ajuster la largeur des montants latéraux en conséquence.

17 Reportez l'épaisseur des montants latéraux sur ceux avant et arrière et percez des avant-trous.

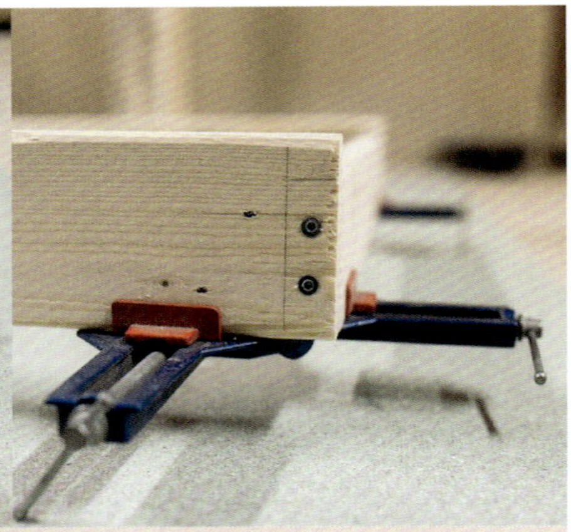

ASTUCE L'utilisation de presse-équerres est d'une aide précieuse pour maintenir les pièces à angle droit le temps du perçage et du vissage.

18 Une fois votre cadre assemblé, il est temps de passer au plateau. Disposez les planches qui le composent sur le dessus et testez la combinaison qui vous convient le mieux. Gardez la dernière planche trop large pour la suite.

Si certaines planches ont des chants tordus et que leur emboîtement n'est pas satisfaisant, l'usage d'un rabot vous sera utile. Bloquez la pièce sur chant et éliminez les surplus pour retrouver un chant rectiligne.

19 Positionnez les planches sur le plateau et servez-vous d'un guide pour les aligner contre l'un des côtés.

20 Utilisez ce guide à nouveau pour tracer le trait de coupe sur le côté opposé. Découpez vos planches.

21 Mesurez l'espace restant à combler sur le plateau. Reportez la mesure sur la planche préalablement mise de côté. Délignez cette planche en suivant le tracé.

ASTUCE Vous pouvez réaliser cette opération avec une scie égoïne ou bien avec une scie sous table comme ici.

22 Il ne vous reste plus qu'à poser la pièce après l'avoir recoupée à la bonne dimension.

23 Clouez les planches sur les montants latéraux pour les maintenir en place.

24 Vérifiez le bon encastrement de votre plateau en le glissant entre les pieds du meuble.

25 Déterminez la position où vous souhaitez le fixer et vissez-le sur vos pieds. Pour faciliter la mise en place, vous pouvez coucher le meuble sur la face arrière. Maintenez les montants avec un serre-joint pendant le vissage pour assurer un serrage parfait.

Si vous le souhaitez, vous pouvez répéter l'étape de construction de l'étagère pour en installer plusieurs sur votre meuble.

Fabrication d'un tiroir pour installer sous la vasque

26 Mesurez la profondeur de votre meuble et choisissez des coulisses de tiroir en conséquence. Les coulisses ici mesurent 50 cm, exactement comme l'écartement des pieds, ce qui permet de les fixer directement dessus. Si vos coulisses sont plus petites que l'écartement des pieds, il suffit de les fixer sur un tasseau lui-même fixé sur les pieds.

27 Mesurez la cote interne des tiroirs, c'est-à-dire en ayant positionné la partie sur laquelle sera fixé le fond du tiroir.

28 Découpez alors un fond en contreplaqué aux dimensions de votre tiroir. Mesurez l'écartement entre les pieds pour découper ensuite la façade.

29 Alignez-la sur la face avant du tiroir et mesurez la profondeur de votre tiroir. Découpez deux montants latéraux.

30 Marquez l'épaisseur de la planche du fond sur les montants latéraux et percez deux avant-trous sur chaque montant. Vissez le fond aux montants.

31 Mesurez et découpez ensuite la planche qui servira de fond en prenant la cote interne entre les montants latéraux.

32 Retournez le tiroir et clouez le fond sur les montants.

33 Fixez les glissières sur le fond.

34 Positionnez la façade et marquez l'épaisseur des montants. Percez les avant-trous et vissez-la aux montants.

Selon la forme de vos rails de tiroir, il se peut que vous ayez à ajuster la façade. Ici, une découpe a été nécessaire pour l'adapter.

35 Mettez votre tiroir en place et vérifiez son bon fonctionnement.

36 Selon le type de vasque que vous poserez, vous pouvez laisser un espace entre le tiroir et le support pour le saisir et l'ouvrir ou vous pouvez choisir de le combler pour des raisons esthétiques.

37 Si vous souhaitez le combler, il suffit de découper une planche de la largeur de la façade et d'une hauteur correspondant au vide à combler (reportez-vous à l'étape de finition du plateau, comme vu précédemment). Fixez cette planche au moyen de deux équerres sur les pieds.

38 Fixez ensuite une poignée pour ouvrir votre tiroir. Un morceau de bois flotté peut faire l'affaire, une poignée de récup' ou tout autre objet qui conviendra à votre style.

Jardin debout

Il est toujours utile et plaisant d'avoir à portée de main quelques plantes aromatiques pour égayer la cuisine ou quelques fleurs pour embellir un balcon ou une terrasse. Le jardin debout que nous allons réaliser répond parfaitement à ces besoins.

Taille

- Longueur 120 cm / largeur 50 cm / hauteur 90 cm

Fournitures à adapter en fonction de votre projet

- Pieds : 8 planches de 90 cm
- Fond : 2 planches de 120 cm et 2 planches de 50 cm + 7 planches de 53 cm pour les lattes
- Contour : 2 planches de 120 cm et 2 planches de 50 cm
- Rebord : 2 planches de faible largeur de 120 cm et 2 planches de faible largeur de 50 cm
- 1 morceau de toile de paillage tissée

VARIANTE
Peinture
suédoise

Réalisation des pieds

Nous allons réaliser des pieds simples, solides et esthétiques.

1. Découpez vos planches à 90 cm. Positionnez deux planches à 90° et tracez trois repères symbolisant l'épaisseur de votre planche posée à plat sur l'établi : un en bas, un au milieu et un en haut.

2. Percez un avant-trou au niveau de chaque repère et vissez les deux planches entre elles.

3. Répétez l'opération pour les quatre pieds.

Réalisation du fond

4. Formez le cadre avec les quatre planches et tracez l'épaisseur des montants intérieurs pour pouvoir percer les avant-trous.

5 Vissez les montants entre eux pour assembler le cadre.

6 Répartissez les lattes qui forment le fond de manière à laisser des espaces entre elles. Ces espaces éviteront à l'eau de stagner, ce qui entraînerait une rapide dégradation du bois. Nous fixerons ultérieurement une toile pour retenir la terre.

7 Alignez une première latte avec un bord et marquez le trait de coupe. Coupez votre latte et vérifiez son bon positionnement. Elle ne doit pas déborder du cadre au risque de gêner le vissage sur les pieds.

8 Répétez l'opération pour l'ensemble des lattes.

9 Clouez les lattes sur les montants en vérifiant bien leur alignement.

Réalisation du contour

10 Mesurez la longueur des planches servant au contour le plus long et découpez-les.

11 Placez-les sur un des bords pour mesurer la largeur des planches servant au contour le plus court. Le contour le plus court = largeur du cadre de fond - 2x épaisseur des contours longs. Découpez les planches.

Vous pouvez adapter le nombre de planches selon la profondeur que vous souhaitez donner à votre bac. Ici, le fond mesure 20 cm, ce qui est suffisant pour des aromatiques.

12 Posez deux pieds à plat sur l'établi et positionnez le cadre de fond et les planches du contour de manière à les faire affleurer en position haute.

ASTUCE Pour garantir un bon équerrage des pieds, plaquez-les contre un tasseau en partie basse et insérez une des planches du contour entre les pieds. En procédant ainsi, vos pieds ont le bon écartement et le bon alignement.

13 Vissez la première planche du contour à l'aide de quatre vis pour assurer un assemblage d'équerre et solide. Commencez par fixer cette première planche, positionnez la seconde et plaquez le fond en appui sur celles-ci. En procédant ainsi, la première planche du contour est parfaitement alignée avec le haut du pied et les autres planches viennent jointer parfaitement.

14 Fixez le cadre de fond avec quatre vis sur les pieds.

15 Vissez la suite des planches.

N.B. Vous pouvez à cette étape peindre le fond du bac avant la pose de la toile de fond pour une protection maximale. Reportez-vous à la fin des étapes avant de poursuivre la fixation de la toile. Respectez bien le temps de séchage d'une heure minimum.

Fixation de la toile de fond

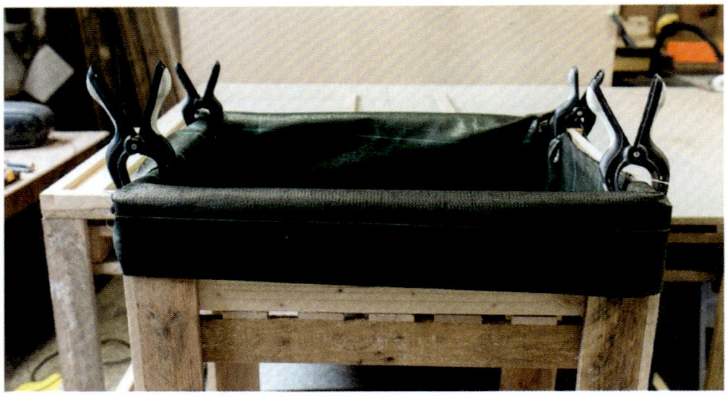

16 Découpez un morceau de toile de manière à ce qu'il tapisse le fond et recouvre le contour. Coupez votre morceau un peu plus large pour en laisser déborder du contour et maintenez-le avec des pinces le temps de vérifier qu'il se positionne correctement. Une fois vérifié que votre toile est bien ajustée, vous pouvez la mettre de côté le temps de découper les rebords.

17 Prenez un tasseau de faibles épaisseur et largeur et tracez un trait de coupe à la bonne longueur. Tracez approximativement l'inclinaison de l'angle à 45°. Le fait de symboliser l'angle à 45° permet d'éviter les erreurs de coupe lorsqu'on n'est plus devant l'ouvrage. Utilisez une boîte à coupe pour faciliter votre découpe ou bien un outil de mesure d'angle pour le tracer avec précision.

18 Procédez de même pour les autres parties.

19 Mettez les quatre pièces de côté et positionnez la toile comme précédemment. Vous pouvez replier les extrémités sur elles-mêmes pour renforcer la tenue et découper les surplus dans les angles. Clouez la toile avec des clous à tête large pour bien maintenir la toile fixée.

20 Vissez ensuite les quatre pièces servant de rebord en faisant bien coïncider les angles à 45°.

Peinture suédoise

Pour protéger cette construction, qui sera placée à l'extérieur, une peinture suédoise est tout indiquée. Reportez-vous pages 31-33 pour la recette.

21 Passez une première couche dans le sens des fibres du bois sans surcharger. Une couche épaisse a tendance à s'écailler par la suite et ne protège pas mieux le bois. Passez deux couches fines dont une première diluée à 10 ou 20 % selon les besoins.

22 Respectez un temps d'une heure de séchage minimum avant de passer la seconde couche.

Établi métal

La structure que nous allons réaliser est polyvalente et peut s'adapter facilement à vos besoins. En variant le nombre d'étagères, en ajoutant des tiroirs par exemple, cet établi peut se convertir en bureau, ou en élément de cuisine, et vous offrira une belle surface de travail avec les rangements pratiques à portée de main.

Taille

- Longueur 150 cm / largeur 50 cm / hauteur 100 cm

Fournitures à adapter en fonction de votre projet

- Pieds : 4 cornières métalliques de 30 x 30 de 100 cm + 2 de 200 cm
- Plateau : 2 planches de 150 cm et 2 planches de 50 cm + une quinzaine de planches de 53 cm pour les lattes
- Étagère : 10 planches de 50 cm
- Vis à tête plate type vis à penture pour les cornières

VARIANTE
Nombre et emplacements des étagères

Réalisation du plateau

1 Découpez les montants aux dimensions souhaitées pour votre plateau. Ici, 50 x 150 cm. Positionnez-les tels qu'ils seront assemblés par la suite.

2 Mesurez la cote intérieure de manière à découper deux traverses qui viendront renforcer le plateau.

3 Positionnez les équerres de fixation à chaque angle en vous aidant de pinces et tracez les emplacements pour les perçages.
Prêtez une attention particulière au positionnement des boulons qui maintiendront le plateau et au positionnement de la cornière pour éviter tout chevauchement.

4 Mesurez l'épaisseur de votre planche pour adapter la longueur de votre boulon et de l'écrou.

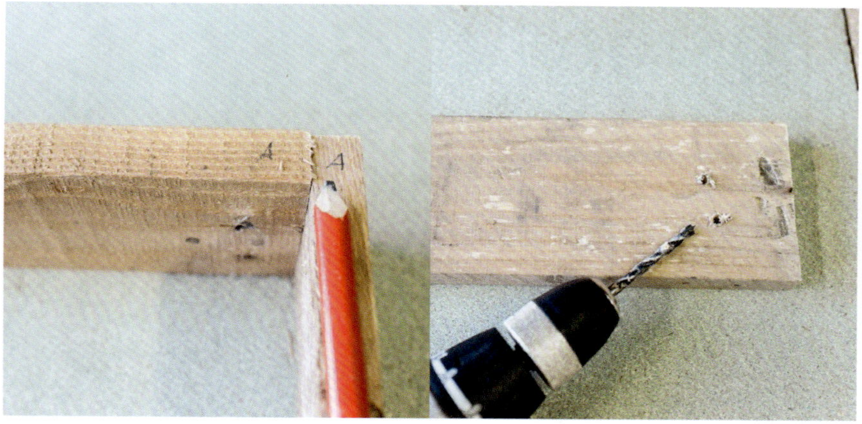

5 Percez les trous au diamètre de votre boulon. Ce dernier peut rentrer légèrement en force à l'aide d'un maillet si besoin. Évitez d'avoir du jeu, ce qui aurait tendance à diminuer la stabilité de l'ensemble. Pensez à nommer vos montants pour que vos trous coïncident au moment de l'assemblage.

6 Fixez les équerres à l'aide des boulons et écrous.

ASTUCE Intercalez une rondelle crantée sur la face intérieure pour éviter tout desserrage éventuel.

7 Vérifiez que vos cornières ne chevauchent pas vos boulons.

8 Positionnez les traverses internes de manière à les faire affleurer avec la partie supérieure du plateau. Pour cela, retournez votre plateau et plaquez-les sur l'établi.

9 Clouez-les à l'aide de pointes torsadées si possible, pour plus de solidité.

10 Mesurez la largeur de votre plateau et découpez le nombre de planches nécessaires pour le recouvrir entièrement.

11 Clouez vos planches sur le plateau en vérifiant bien leur alignement.

Réalisation des étagères

12 Mesurez la largeur de votre plateau et sélectionnez le nombre de planches nécessaires pour créer l'étagère. Il est fort probable que vous ayez à découper une planche dans sa longueur.

13 Cette opération, le délignage, peut être effectuée à l'aide d'une scie égoïne ou d'une scie sous table. Cette dernière facilite le travail et offre une coupe parfaite sur toute la longueur. Vous pouvez vous reporter à la fabrication du meuble vasque, p. 122.

14 Une fois vos planches découpées, mesurez la largeur de votre étagère pour découper les deux traverses qui serviront à relier les planches précédemment découpées.

ASTUCE Calez les planches de l'étagère à l'aide des deux tasseaux fixés à 90° sur votre établi pour assurer un bon équerrage. Placez les deux traverses sur le plateau de votre étagère et vissez.

15 Pour être sûr que vos planches jointent parfaitement, utilisez des serre-joints pour maintenir les pièces en contact lors de la phase de vissage.

Votre étagère est prête pour la prochaine étape.

Réalisation des pieds

16 Découpez vos cornières à même longueur (100 cm) pour les deux pieds qui s'arrêteront au niveau du plateau. Un étau et une scie à métaux sont parfaits pour effectuer une coupe nette.

17 Affinez votre coupe à l'aide d'une brosse et d'une lime plate pour éliminer les limailles et autres imperfections.

ASTUCE La plupart des cornières ont un léger arrondi dans l'angle droit intérieur. Pour que votre cornière s'ajuste parfaitement à votre plateau, il convient de casser l'angle à l'aide d'une râpe ou d'un rabot.

18 Quand votre cornière est bien ajustée, vous pouvez tracer les repères de perçage. L'utilisation d'un marqueur craie liquide facilite le traçage sur le métal. Soyez attentif au positionnement de vos futures vis et de vos boulons déjà en place pour éviter tout chevauchement.

ASTUCE Pour faciliter l'opération de perçage du métal, utilisez un pointeau. Il permet de creuser légèrement le trou de perçage pour guider votre foret. Associé à une perceuse à colonne, l'opération est grandement facilitée.
Le perçage du métal est une opération à réaliser sans précipitation sous peine de détériorer vos forets. Percez sans vitesse excessive et augmentez peu à peu le diamètre de perçage pour atteindre le diamètre final nécessaire.

19 Positionnez vos pieds et maintenez-les en place à l'aide de serre-joints de grande taille pour les plaquer contre votre plateau et assurer une fixation impeccable. Utilisez des vis à tête large pour garantir une bonne tenue sur le métal. Privilégiez des pas de vis larges également pour une bonne accroche dans le bois. Des vis de type penture sont tout à fait adaptées à ce style de fixation. De plus, leur empreinte Torx ou six pans permet un serrage puissant.

20 Utilisez les deux premiers pieds fixés comme gabarit pour déterminer l'emplacement des trous sur les deux grands pieds de 200 cm. Alignez leur partie basse et tracez les trous de perçage. Vous pouvez également mesurer la longueur des deux premiers pieds et les reporter sur les deux autres.

21 Répétez les opérations de perçage et de fixation comme précédemment.

Vous avez désormais deux pieds qui dépassent de 100 cm sur un côté et les deux dernières cornières que nous allons utiliser doivent mesurer 100 cm également. Si nécessaire ajustez leur longueur en cas de léger décalage.

22 Déterminez l'emplacement de la première étagère et tracez un repère de perçage sur chaque montant pour la fixation. Utilisez des pinces pour maintenir votre étagère et vos montants pendant cette opération.

23 Répétez l'opération pour la deuxième étagère. Vous pouvez créer autant d'étagères que nécessaire.

24 Un traitement antirouille ou une peinture peuvent venir protéger le métal si besoin.

Étagères nid d'abeille

L'étagère est un élément essentiel de décoration. Elle apporte une touche personnelle par les objets qu'elle présente. Mais elles peuvent aussi constituer une mosaïque sur vos murs en variant les formes et les combinaisons. Découvrons les bases et laissez parler votre imagination avec ces étagères nid d'abeille.

Taille

- Longueur 35 cm / largeur 35 cm / profondeur 10 cm

Fournitures à adapter en fonction de votre projet

- Pour faciliter la fabrication, je vous conseille d'utiliser des planches parfaitement identiques et d'épaisseur de 18 mm minimum
- Caisson: 6 planches identiques de 19 cm
- Cloisons internes: 2 planches de 35 cm + 2 de 15 cm

VARIANTE
Répartition des
cloisons

Réalisation du caisson

1 Commencez par découper une première planche de 19 cm de longueur que vous utiliserez ensuite comme gabarit pour découper les autres planches nécessaires.

2 J'ai découpé huit planches au lieu des six nécessaires pour le caisson car je savais que j'en aurais besoin de deux identiques supplémentaires pour créer les cloisons. Elles ont été mises de côté pour la suite.

3 Chaque planche doit être biseautée à 30° pour former le caisson.

4 Pour cette opération, vous pouvez utiliser une scie à onglet ou une scie sous table pour travailler avec précision. Il est cependant possible de découper les pièces à la scie comme indiqué dans la fiche « Étagère triangulaire », p. 164.

ASTUCE Profitez du réglage de la machine à 30° pour découper deux pièces dans une chute de bois : une de petites dimensions et une plus grande dans un chevron par exemple. Elles vous serviront de cales au moment d'assembler les éléments entre eux. Conservez-les pour de futures créations en notant l'angle sur la pièce.

5 Vérifiez le montage à blanc pour ajuster les coupes si besoin.

6 Calez le chevron sur l'établi de manière à pouvoir glisser deux planches en appui sur ce dernier. Maintenez une planche à l'aide d'un serre-joint et clouez à l'aide de pointes tête homme.

7 Assurez-vous de la bonne fixation de chaque partie.

8 Poncez légèrement les arêtes pour parfaire l'ajustement. Utilisez un morceau de papier abrasif plié pour bien épouser les formes. N'appuyez pas trop fort pour ne pas creuser les angles.

9 Posez votre caisson sur une chute de contreplaqué ou d'Isorel, récupérée sur un vieux meuble par exemple. Tracez son contour et découpez la forme.

10 Positionnez le fond sur l'arrière de votre caisson et clouez-le.

Réalisation des cloisons internes

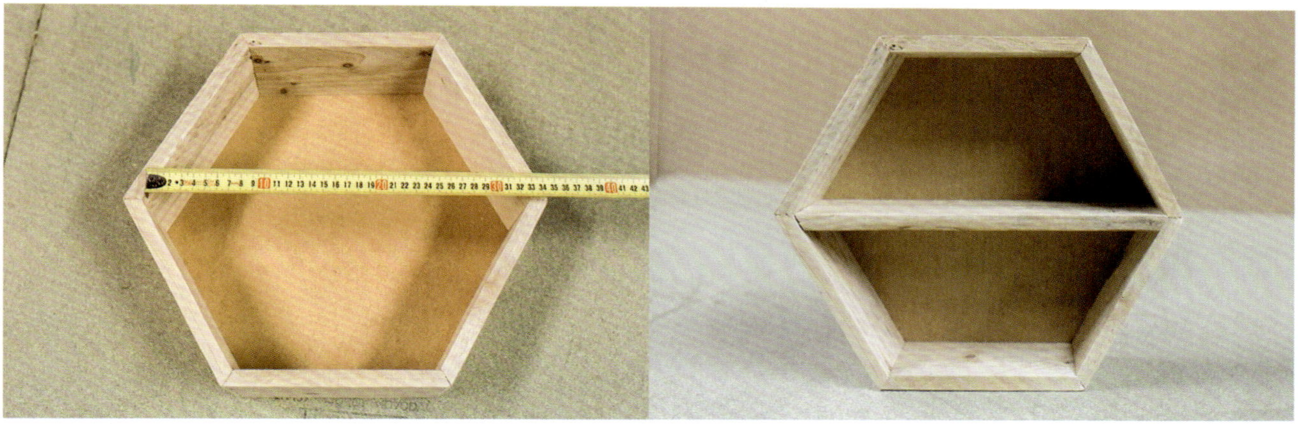

11 Retournez le caisson et mesurez la cote interne. Découpez une planche à cette longueur et biseautez les angles à 30°.

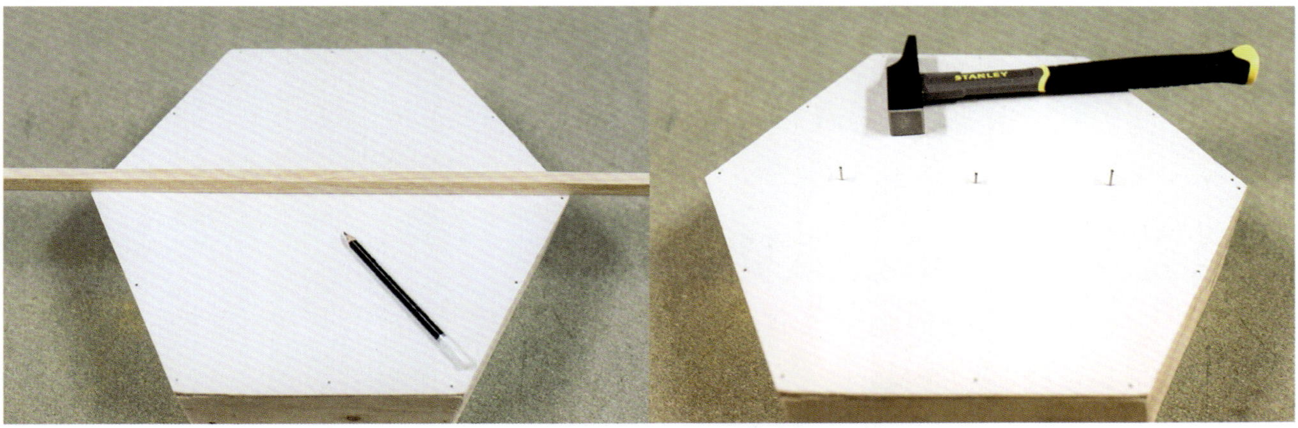

12 Utilisez une règle pour tracer un trait qui vous servira de guide pour clouer la planche tout juste découpée.

13 Relevez la cote interne de manière à découper deux planches pour créer un V à la base de l'étagère.

14 Utilisez éventuellement la petite cale découpée au départ dans une chute pour maintenir les pièces pendant que vous les clouez.

Variantes

À partir du caisson original, vous pouvez créer une infinité de variantes au niveau des cloisons internes.

1 Mesurez la cote interne et découpez deux pièces identiques.

2 Vérifiez leur bon ajustement.

3 Mesurez ensuite l'espace entre ces deux tablettes et découpez la planche en conséquence.

4 Utilisez une règle pour tracer le centre du caisson.

5 Prolongez les repères tracés précédemment le long des tablettes à l'aide d'une équerre et clouez les éléments entre eux.

6 Clouez les tablettes sur l'arrière du caisson pour terminer.

Vous pouvez assembler vos caissons en les vissant ensemble pour les fixer au mur ou les fixer séparément pour créer des combinaisons à l'infini.

Étagères design

Vous en avez assez de voir toujours les mêmes étagères ? Et si vous commenciez à créer vos propres modèles, uniques et sur mesure ? Autour d'un modèle triangulaire, amusez-vous à fabriquer autant de pièces que nécessaire en variant les combinaisons internes.

Taille

- Triangle : longueur 60 cm / largeur 50 cm/ profondeur 10 cm

Fournitures à adapter en fonction de votre projet

- Caisson : 1 planche de 50 cm + 2 de 60 cm
- Cloisons : 2 planches ou plus selon vos envies

VARIANTE
Répartition
des cloisons et
finition cirée

Réalisation du caisson

1. Découpez une planche de 50 cm et deux planches de 60 cm.
2. Sur un contreplaqué, médium, carton... tracez un triangle ABC dont la base AB mesure 50 cm. Repérez son milieu et tracez une verticale (la médiatrice). Mesurez 60 cm à partir des extrémités de la base AB de telle sorte que AC et BC mesurent 60 cm. Ce schéma va vous aider à aligner les planches et vérifier les angles si besoin.

3. Relevez l'angle formé à la base à l'aide d'une fausse équerre.

Cette mesure vous servira à régler l'inclinaison de la lame de votre scie à onglets par exemple...

... ou à tracer sur les pièces le trait de coupe pour un sciage manuel.

4 Vérifiez votre angle en utilisant le triangle tracé.

5 Relevez l'angle du sommet.

6 Reportez cet angle sur l'une des deux planches formant les côtés et découpez en conséquence.

7 La partie découpée équivaut à l'épaisseur d'une planche. Vérifiez et ajustez le bon positionnement de vos planches. Selon vos coupes, il se peut que vous ayez à rattraper quelques millimètres.

8 Positionnez les planches à blanc pour une ultime vérification avant l'assemblage.

9 Tracez le milieu de l'épaisseur de chaque planche. Adaptez l'endroit de vissage en fonction de la longueur de vos vis. Une vérification visuelle est utile par sécurité.

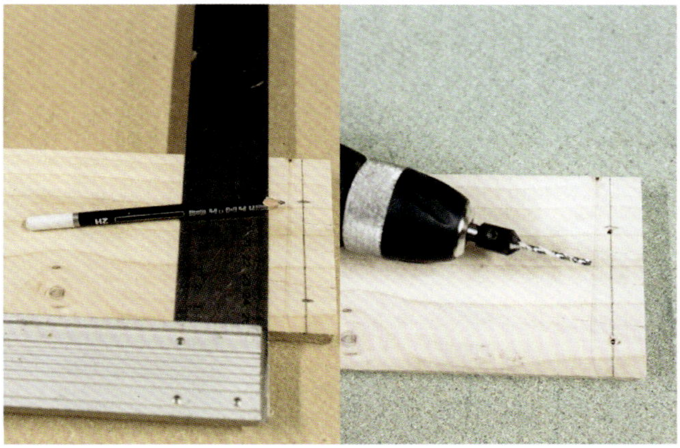

10 Reportez ce trait à l'aide de l'équerre sur la largeur de la planche et percez les avant-trous.

11 Vissez les éléments entre eux.

Réalisation des cloisons

12 Relevez l'angle à la base pour découper la tablette inférieure.

13 Mesurez la largeur de la tablette en fonction de l'endroit où vous souhaitez la positionner et découpez les extrémités selon l'angle relevé. Procédez de même pour chaque tablette que vous souhaitez créer. Assemblez-les à blanc au fur et à mesure.

14 L'usage d'une râpe peut s'avérer utile pour ajuster certaines coupes car les planches de palettes sont parfois un peu voilées.

15 Repérez les emplacements des tablettes en les traçant sur chaque planche et sortez-les du caisson pour les assembler.

ASTUCE Pour maintenir les tablettes, vous pouvez vous aider d'une cale que vous aurez découpée dans une chute avec le même angle.

16 Clouez les tablettes entre elles à l'aide de pointes tête homme.

VARIANTE
Sur la base du triangle, vous pouvez créer autant de combinaisons que vous l'imaginez.

Finition cirée

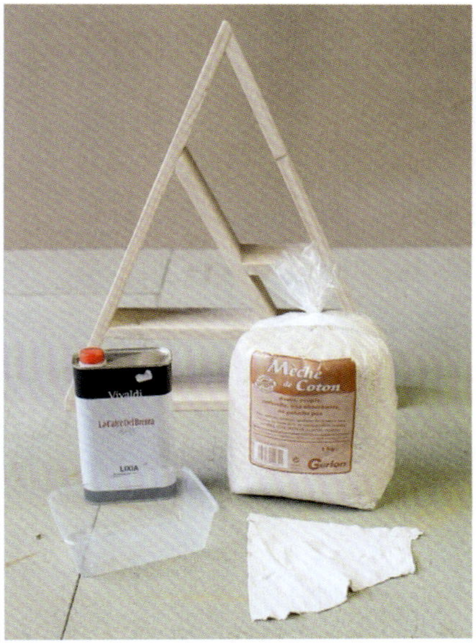

Comme l'étagère ne subit pas de sollicitations intenses, une finition cirée est idéale pour donner de la brillance et de la longévité au bois.

Vous pouvez ajouter une petite quantité de pigments pour donner une teinte à votre cire. Faites un test préalable sur une chute ou sur une partie non visible du meuble pour estimer le résultat. En l'occurrence, un oxyde de fer jaune.

Faites une petite boule avec de la mèche de coton et insérez-la dans un tissu non pelucheux. La mèche de coton va retenir la cire et permettre de l'étaler uniformément.

Banc de rangement

Simple banc aux lignes épurées ou banc avec son astucieux tiroir de rangement intégré ? À vous de décider de sa fonction, de son esthétique, en mêlant vos envies et vos éléments de récup' !

Taille

- Longueur 120 cm / largeur 40 cm / hauteur 40 cm

Fournitures à adapter en fonction de votre projet

- Socle : 4 planches de 110 cm + 4 de 40 cm + 4 de 35 cm
- Assise : 4 à 5 planches selon leur largeur de 120 cm
- Tiroir : 6 planches de 40 cm en fonction de votre tiroir

VARIANTE
Tiroir de rangement

Réalisation du socle

1 Positionnez vos planches de manière à symboliser le socle à créer. Déterminez l'angle souhaité pour les pieds, ici 15°.

2 Relevez cette mesure à l'aide d'un rapporteur et tracez le trait de coupe sur la traverse supérieure à chaque extrémité.

3 Utilisez le rapporteur ou la règle graduée de votre scie à onglets pour régler l'orientation de votre lame. Sinon, découpez selon le trait pour une coupe à la scie manuelle.

4 Vérifiez le bon positionnement de vos pieds.

5 Tracez le même angle que précédemment sur la traverse supérieure comme sur la photo pour éliminer le surplus et prolonger le pied dans l'alignement.

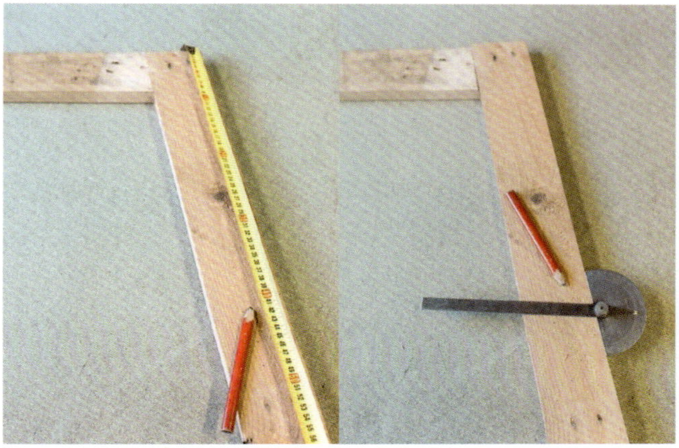

6 Mesurez la hauteur du pied (40 cm) et reportez à nouveau l'angle comme sur la photo pour que le bas du pied soit parallèle à la traverse supérieure et donc pour avoir un pied posant à plat sur le sol.

7 Découpez le pied.

8 Déterminez l'emplacement pour votre traverse inférieure. Reportez l'angle comme pour la première traverse et découpez en conséquence.

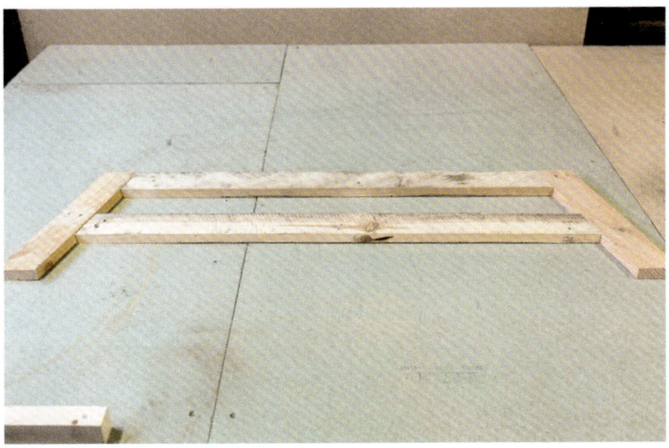

9 Vérifiez que toutes vos pièces se positionnent bien à blanc.

10 Dupliquez chaque pièce en utilisant les premières comme gabarit.

11 Placez votre pied contre un tasseau pour assurer un bon alignement de la traverse et des pieds.

12 Tracez les repères de perçage sur les traverses pour l'assemblage par vis biaises. Percez selon les instructions de votre gabarit.

13 Vissez les parties entre elles.

14 Répétez l'opération pour assembler le second pied.

15 Déterminez la largeur de votre banc et découpez quatre traverses identiques.

16 En suivant toujours le même angle, alignez le pied avec le haut de la traverse et tracez son contour.

17 Tracez deux emplacements à percer pour fixer le pied. Percez les avant-trous et vissez le pied.

18 Pour les autres parties à fixer, vérifiez que vous êtes toujours bien en appui sur un tasseau pour garantir que votre socle soit bien d'équerre une fois assemblé.

19 Répétez les opérations de perçage pour le reste des parties à assembler et vissez les pièces.

Réalisation de l'assise

20 Disposez les planches pour l'assise sur le socle et déterminez leur emplacement, leur nombre en fonction de l'effet recherché. Prévoyez un léger débordement pour l'assise sur chaque côté.

21 Vous aurez peut-être à ajuster l'arête des traverses pour les araser et assurer le contact à plat de l'assise.

22 Mesurez la largeur de votre socle. Ajoutez une marge pour le débordement souhaité. La mesure trouvée est la largeur de votre assise.

Il est fort probable que vous ayez à déligner une planche pour arriver à cette largeur. Reportez la partie à éliminer sur l'une des planches de l'assise et délignez à la scie sous table.

23 Vérifiez la bonne largeur de votre assise.

24 Placez vos planches sur l'établi et pressez-les à l'aide d'un serre-joint pour les faire jointer.

ASTUCE Utilisez des cales martyres pour ne pas marquer vos planches lors du serrage. Lors de ce serrage horizontal, les planches ont tendance à se soulever. Il convient d'utiliser une ou plusieurs cales pour les maintenir plaquées verticalement sur l'établi.

25 Tracez deux repères comme sur l'image (ici à 30 cm des extrémités mais il n'y a pas de règle précise) pour y fixer deux tasseaux qui maintiendront les planches de l'assise.

26 Mesurez la cote interne de votre socle (entre les deux traverses) et découpez deux tasseaux en conséquence.

27 Vissez ces deux tasseaux au niveau des repères préalablement tracés.

28 Pour éviter à l'assise de bouger, deux solutions sont envisageables :

Percer et visser les traverses pour se fixer aux tasseaux.

Utiliser deux équerres pour une fixation sans vis apparentes.

Le banc est terminé si vous souhaitez en rester là. Il est parfaitement fonctionnel et esthétique tel quel.

Intégrer un tiroir de récup'

Mais vous pouvez choisir d'aller plus loin en intégrant une zone de rangement grâce à un tiroir de récup', par exemple.

1. Positionnez votre tiroir et placez une planche dont la largeur est au moins égale à la largeur de la façade pour permettre un bon coulissement.

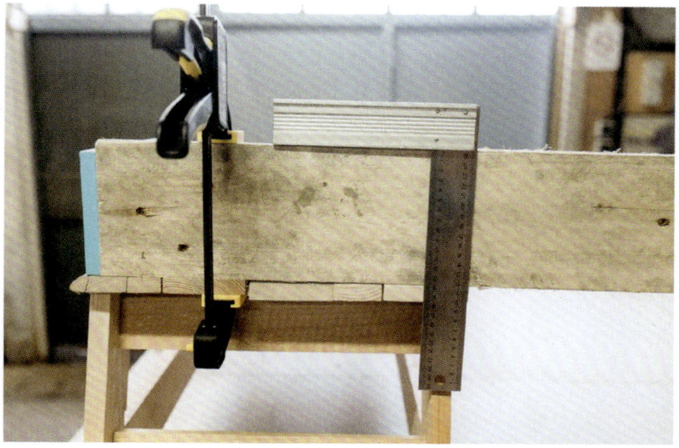

2 Tracez un repère de coupe correspondant à la largeur de l'assise.

3 Répétez l'opération pour la face opposée et découpez.

4 Insérez les coulisses de votre tiroir et repérez leur emplacement sur les montants latéraux préalablement découpés. Puis vissez-les.

5 Laissez un léger jeu pour que le coulissement soit fluide et mesurez la cote interne pour la face arrière. Découpez la face arrière et vérifiez le bon positionnement des pièces.

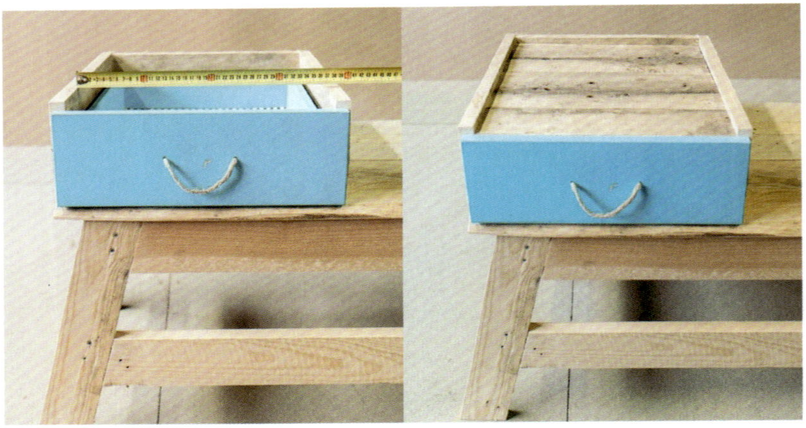

6 Mesurez la cote interne entre les deux parois latérales et découpez le nombre de planches nécessaire pour combler l'espace. Délignez une planche, si besoin, comme vu précédemment pour l'assise.

7 Percez la face arrière pour un assemblage à l'aide de vis biaises.

8 Procédez de même pour les planches du couvercle.

9 Insérez le tiroir et vérifiez qu'il coulisse parfaitement.

10 Positionnez-le sur l'assise et tracez son contour.

11 Marquez les emplacements de perçage pour le fixer à l'assise. Percez les avant-trous.

12 Maintenez-le contre l'assise à l'aide d'un serre-joint et pivotez l'assise pour visser de dessous.

Pour ajouter une touche de finition, vous pouvez fixer une planche sur l'assise comme sur la photo. Elle sera utile si vous décidez d'inclure un coussin, par exemple, en lui évitant de glisser.

Table métal

Quelques tubes de métal, une série de planches légèrement grisés par le temps et vous voilà propriétaire d'une jolie table en bois et métal de style industriel. Un projet idéal pour faire vos premiers pas en soudage.

Taille

- Longueur 150 cm / largeur 50 cm / hauteur 75 cm

Fournitures à adapter en fonction de votre projet

- Cadre: 2 cornières métal de 25 x 25 mm de 150 cm + 2 de 50 cm
- Pieds: 4 tubes de 30 x 30 mm de 72 cm environ
- Plateau: 15 à 20 planches de 50 cm selon leur largeur

VARIANTE
Finition à l'huile de lin

Réalisation du cadre

1 Découpez les cornières à la longueur voulue et coupez les extrémités à 45°. Poncez légèrement les arêtes pour améliorer la tenue de la soudure à venir. Positionnez les éléments sur l'établi en ayant pris soin d'intercaler une plaque d'acier pour éviter de brûler le bois lors des opérations de soudage. Maintenez fermement les éléments en place à l'aide de pinces étau et de serre-joints. Prenez garde à ne pas laisser de pièces plastique de protection sur vos serre-joints par exemple sous peine de les voir fondre avec la chaleur.

ASTUCE L'utilisation d'une équerre de maçon facilite la mise en place et la vérification de l'équerrage du fait de leur grande longueur (60 cm en l'occurrence).

SÉCURITÉ

Pour un travail en toute sécurité, utilisez toujours un masque de protection adapté (électronique de préférence) et une paire de gants de soudeur. Un tablier de cuir combiné à une blouse en coton par exemple vient compléter l'équipement. Évitez les matières synthétiques et pensez à protéger également le sol des projections de métal en fusion.

Sécurisez votre environnement de travail et éloignez les personnes et animaux qui pourraient venir interférer pendant les phases de soudage. Respectez scrupuleusement la notice de votre poste à souder.

2 Une fois les pièces en place, pointez chaque angle de manière à juste maintenir les pièces entre elles. Le pointage est une opération consistant à maintenir les pièces ensemble par un simple point de soudure avant d'apposer un cordon définitif. En procédant ainsi, il est possible de rectifier les écarts éventuels.

3 Une fois les pointages effectués, mesurez les diagonales de votre cadre. Si elles sont identiques, votre équerrage est bon. Dans le cas contraire, il convient de revoir le positionnement des pièces.

4 Poncez ou limez légèrement les extrémités des tubes qui recevront le cordon de soudure pour une meilleure tenue.

5 À l'aide de l'équerre de maçon et d'un aimant positionneur (aussi appelé équerre magnétique), positionnez votre pied bien à la verticale et maintenez-le en place.

6 Vous pouvez alors pointer les pieds. Si l'ensemble cadre et pieds vous convient, vous pouvez alors terminer les soudures en déposant un cordon à chaque intersection. N'hésitez pas à meuler vos cordons pour avoir des angles extérieurs bien finis.

N. B. Pour protéger votre table, vous pouvez appliquer une peinture ou un antirouille sur les parties métalliques.

Réalisation du plateau

7 Positionnez une planche pour mesurer la longueur nécessaire. Marquez l'emplacement et prolongez le trait à l'équerre. Découpez la pièce.

8 Vérifiez son bon ajustement.

9 Répétez l'opération jusqu'à recouvrir l'ensemble du plateau. Vous aurez peut-être besoin de déligner une planche pour combler parfaitement l'espace.

10 Si certaines de vos planches sont marquées, c'est le moment d'en profiter pour créer des motifs sur votre plateau.

11 Retournez la table sur l'établi et marquez les emplacements à percer pour ensuite fixer vos planches.

12 Pour cette opération, je vous invite à numéroter vos planches sur l'envers puis à tracer un repère de perçage au milieu de chaque planche. Retirez vos planches et percez chaque trou. Utilisez des vis à tête cylindrique non conique pour un placage parfait sur le métal.

Finition à l'huile de lin

Pour protéger votre table, vous pouvez appliquer une peinture ou un antirouille sur les parties métalliques.
Pour le plateau, une finition à l'huile de lin est adaptée.

13 Poncez votre plateau jusqu'au grain 240 et dépoussiérez-le bien.

14 Pour la première couche, diluez votre huile de lin avec un diluant d'agrumes à hauteur de 50/50. L'huile sera plus fluide et pénétrera mieux le bois.

Même s'il s'agit de produits naturels, la concentration de certaines huiles peut avoir des effets irritants, protégez-vous à l'aide d'un masque respiratoire adapté.

15 Déposez l'huile au pinceau dans le sens des fibres du bois sans surcharger.

16 Essuyez à l'aide d'un chiffon pelucheux 10 à 15 minutes après l'application.

17 Pour la seconde couche, vous pouvez la diluer avec un tiers de diluant ou l'utiliser pure selon les besoins.

Entre deux couches, un léger égrenage au grain 240 peut être nécessaire si les fibres de bois se sont relevées. Respectez bien les temps de séchage.

Direction d'édition : Thierry Lamarre
Édition : Adeline Lobut
Création, photographies et explications : Lionel Cerdan
Correction-révision : Isabelle Misery
Conception graphique et mise en pages : Either studio
Couverture : Either studio / Damien Payet

Éditions Massin
Publiées par Société d'Information et de Créations - SIC
Une société de Marie Claire Album
10 bd des Frères Voisin - 92792 Issy-les-Moulineaux CEDEX 9 - France
Tél. 01 41 46 88 88
RCS Nanterre 302 114 509
SARL au capital de 822.000 euros

Certifié PEFC
Ce produit est issu de forêts gérées durablement et de sources contrôlées
PEFC
PEFC/18-32-03
www.pefc-france.org

ISBN : 978-2-7072-1171-2
N° Éditeur : 38369
Imprimé par Elcograf S.p.A., Vérone, Italie
Dépôt légal : avril 2021

www.sotrendoo.com